AF185136

Harald Seibel

Von A(usbildung) bis Z(agreb)

Die Welt als Arbeitsplatz

© 2020 Harald Seibel

Verlag und Druck:
tredition GmbH, Halenreie 40-44, 22359 Hamburg
Copyright Umschlagfoto: photothek/Auswärtiges Amt

ISBN
Paperback: 978-3-347-13652-6
Hardcover: 978-3-347-13653-3
e-Book: 978-3-347-13654-0

Vorwort

Die Idee zu diesem Buch entstand kurz nachdem ich – der Einladung guter Freunde folgend – im Februar 2018 im Rahmen eines „Stammtisches" der Kirchengemeinde Mahlow/Brandenburg einen Vortrag über das Leben im Diplomatischen Dienst gehalten hatte. Das Thema „Von **A**(usbildung) bis **Z**(agreb) – 38 Jahre als Diplomat im Dienst der Bundesrepublik Deutschland" bot mir Gelegenheit, einem äußerst interessierten Publikum Einblick zu gewähren in das Leben eines Wanderers zwischen Welten und Kulturen - mehr noch: in eine atypische Lebensform und deren Besonderheiten. Im Mittelpunkt meines Berichts und der anschließenden Diskussion standen weniger außenpolitische Fragen als meine persönlichen Erfahrungen, anhand derer ich glaubte, die Vor- und Nachteile, Herausforderungen, Sonnen- und Schattenseiten des Nomadenlebens im Auswärtigen Dienst anschaulich darstellen zu können. Dies soll hier Fortsetzung finden. Mir geht es dabei weniger um eine Beschreibung meiner Bürotätigkeit als um den Lebensentwurf eines „Diplomaten".

Im Oktober 2020 feiere ich mein 40jähriges Dienstjubiläum. Ich werde zurückblicken können auf vier Jahrzehnte voller Höhen und Tiefen, Erfolge und Momente, auf die ich gern verzichtet hätte. Ich werde 40 aufregende, spannende und lehrreiche Jahre hinter mir haben. Mein Fazit fällt positiv aus: Ich bin Eigentümer eines großen Schatzes, nämlich unzähliger schöner Erinnerungen und Erfahrungen, die mir niemand nehmen kann und die fester Bestandteil meines erfüllten (Berufs)Lebens geworden sind.

Das Leben im Auswärtigen Dienst ist kein Zuckerschlecken. Im Gegenteil, auch „bei uns" ist nicht alles Gold, was glänzt, auch wir kochen oft nur mit Wasser! Der Dienst verlangt seinen Beschäftigten und deren Familien oft genug Zugeständnisse ab, die man in einem auf das Inland beschränkten Beruf nicht machen müsste. Wie heißt es im heutigen Sprachgebrauch so schön? Im Auswärtigen Dienst muss man seine „Komfortzone" gelegentlich verlassen! Wer die Welt zu seinem Zuhause machen will, benötigt Neugier, Offenheit, Flexibilität, Anpassungsfähigkeit, Geduld und Kompromissbereitschaft. Wer all dies mitbringt, wird im Auswärtigen Dienst glücklich werden können.

Mit dem vorliegenden Buch lasse ich 40 Jahre meines Lebens Revue passieren. Es enthält persönliche Gedanken und Erlebnisse und trägt stellenweise starke autobiographische Züge. Eine Autobiographie zu schreiben war jedoch nicht meine Absicht. Vielmehr will ich Menschen erreichen, die Einblick gewinnen wollen in ein Leben jenseits bekannter Normen. Ich möchte junge Menschen, die sich für den Auswärtigen Dienst interessieren, motivieren, sich für ein Leben zu entscheiden, das fordernd und unendlich lohnend zugleich ist. Meine Ausführungen sollen gleichzeitig dazu beitragen, die Realität der komplexen Welt, in der wir leben, nicht aus dem Auge zu verlieren.

Viel Spaß bei der Lektüre,

Ihr/Euer

Harald Seibel

Diplomat, was ist das eigentlich?

Arbeiten, wo andere Menschen Urlaub machen! Mit dem Sektglas in der Hand am Swimmingpool belanglosen Smalltalk halten! Ein Luxusleben auf Kosten des deutschen Steuerzahlers führen und dessen Geld im Ausland verprassen!

Mit solchen zum Teil auf Unkenntnis, zum Teil auf Neid und Missgunst beruhenden Vorurteilen seitens der deutschen Öffentlichkeit, der Medien und z.T. auch der Politik sah sich der Auswärtige Dienst über viele Jahrzehnte hinweg konfrontiert. Dies war das Bild, das viele Menschen in Deutschland noch in den Köpfen hatten, als ich am 1. Oktober 1980 als damals 19-jähriger Anwärter im „nicht-technischen gehobenen Dienst" meine dreijährige Ausbildung zum „Diplomverwaltungswirt" beim Auswärtigen Amt in Bonn begann. Diejenigen Kolleginnen und Kollegen, für die das Image des sektglasschwenkenden Diplomaten möglicherweise Bewerbungsgrund war, mussten sich jedoch schnell getäuscht sehen. Die erste Ernüchterung setzte spätestens auf dem ersten Auslandsposten ein, wenn sich herausstellte, dass die Urlaubsorte der Deutschen für Botschaftsangehörige meist recht arbeitsintensiv waren (Stichwort konsularische Hilfe), Smalltalk nervig sein konnte, wenn man sich mehrfach in der Woche zu unterschiedlichen Anlässen mit immer denselben Menschen traf oder man feststellen musste, dass das gute Einkommen nicht darüber hinwegtrösten konnte, dass Tropenkrankheiten die eigene Gesundheit dauerhaft beschädigten oder Bürgerkriege und hohe Alltagskriminalität vor der diplomatischen Immunität keinen Halt machten.

Die Herausforderungen, vor denen der Auswärtige Dienst steht und die Aufgaben, die er zu bewältigen hat, haben sich in den vergangenen Jahren deutlich verändert. Die Welt ist unsicherer geworden, als bedrohlich empfundene Spannungen und Krisen bis hin zu (Bürger)Kriegen bestimmen die täglichen Nachrichten – und damit auch Arbeit und Leben im Auswärtigen Dienst. Die Anforderungen sind im Laufe der Jahre gewachsen, die Erwartungen der Öffentlichkeit und der Politik gegenüber dem Diplomatischen Dienst ebenfalls. Damit einher ging ein deutlicher Imagewandel. Die Zeit der Vorurteile gegenüber den Diplomaten gehört weitgehend der Vergangenheit an. Auch wenn es hier und da immer noch einzelne Neider und andere Unbelehrbare gibt: In Zeiten weltweiten Terrors, unmenschlicher Kriege, verheerender Naturkatastrophen, großer Flüchtlingsströme, unkontrollierter Globalisierung, Bedrohung durch organisierte Kriminalität und anderer Ereignisse, die das Gefühl der Unsicherheit wachsen lassen, sind die kritischen Stimmen gegenüber den Menschen, die im Auftrag der Bundesrepublik Deutschland im Ausland Dienst tun, deutlich leiser geworden. Es wird erkannt und anerkannt, dass ein Einsatz im Irak, in Afghanistan, in Pakistan, im Nahen und Mittleren Osten, im Sudan, in Mali, in Nordkorea, in Mexiko, in Venezuela und an vielen anderen gefährlichen Standorten nicht mehr die heile Welt verkörpert wie vielleicht Mitte des vergangenen Jahrhunderts. Es wird erkannt und anerkannt, dass Diplomaten in den internationalen Beziehungen unverzichtbar sind. Ohne sie wäre die Welt vermutlich in einem noch schlechteren Zustand als sie es heute ist. Ihre Netzwerke, ihre Beziehungen zu den Menschen in den jeweiligen Gastländern, ihre Analysen und ihre Berichterstattung an die Bundesregierung und den Deutschen Bundestag sind wichtige Grundlage für die Gestaltung der deutschen Außenpolitik.

Und genau hierüber war ich mir im Klaren, als ich mich 1979 – ein Jahr vor dem Abitur – auf Jobsuche machte! Oder etwa nicht? War ich mir wirklich bewusst, dass ich mich mit meiner Bewerbung beim Auswärtigen Amt für die „Diplomatenlaufbahn" entschieden hatte? Mir schien dieser Begriff damals wie heute zu groß. Bis Mitte des 20. Jahrhunderts galt die Diplomatie eher als Berufung denn als Beruf. Um als Diplomat in die Geschichtsbücher einzugehen, musste man neben Geld auch einen Namen, wenn nicht gar einen Adelstitel mitbringen. Dies änderte sich (erst) nach dem Zweiten Weltkrieg grundlegend. Diplomatie wurde zunehmend zum Beruf, den man auch ohne Adelstitel erlernen konnte, ohne dazu berufen zu sein oder sich dazu berufen zu fühlen.

Seit vielen Jahren, ja Jahrzehnten, bildet das Auswärtige Amt seine Laufbahnbeamten in einer eigenen Akademie selbst aus. Dabei wirbt das Ministerium nicht mit freien Stellen für „Diplomaten", sondern mit den für die jeweilige Laufbahn typischen Tätigkeitsbeschreibungen. So qualifiziert die Ausbildung im mittleren Dienst für eine spätere Sachbearbeitertätigkeit auf praktisch allen Gebieten der inneren Verwaltung und in den Pass- und Visastellen der deutschen Auslandsvertretungen. Die Ausbildung im nicht-technischen gehobenen Dienst ist stark juristisch geprägt und befähigt zu anspruchsvollen Tätigkeiten im Bereich des Rechts- und Konsularwesens, der Entwicklungszusammenarbeit oder in den Bereichen Wirtschaft, Presse und Kultur. Die Ausbildung im höheren Dienst bereitet vor auf eine spätere (politische) Referententätigkeit im gesamten Spektrum der Aufgaben und Herausforderungen, die an den Auswärtigen Dienst gestellt werden.

Auch ich wurde nicht zum „Diplomaten" ausgebildet, sondern habe im Rahmen einer dreijährigen Ausbildung an der „Fachhochschule des Bundes für Öffentliche Verwaltung – Fachbereich Auswärtiger Dienst" zunächst einen Abschluss als „Diplomverwaltungswirt" erworben. Dieses Detail soll nicht darüber hinwegtäuschen, dass die meisten Menschen außerhalb des Auswärtigen Dienstes mit dem Begriff „Diplomat" eine ungefähre, wenngleich nicht sehr differenzierte Vorstellung dessen entwickeln, was wir so tagein tagaus tun. Daher benutze auch ich diesen Begriff gelegentlich in Gesprächen mit Freunden, Verwandten oder Bekannten. Auch im Ausland beantworte ich die Frage nach meinem Beruf bzw. meiner Tätigkeit i.d.R. mit „Ich bin Diplomat.", beuge damit weiteren Nachfragen vor und erwecke bei manchen Gesprächspartnern ungewollt Respekt und Anerkennung. Spätestens dann weiß ich, dass ich zumindest einer ehrenvollen Tätigkeit nachgehe, die hohes Ansehen genießt. Während wir „Diplomaten" im Inland ganz normale Bedienstete einer obersten Bundesbehörde – dem Außenministerium - sind, vertreten wir als Angehörige des Auswärtigen Dienstes die Bundesrepublik Deutschland im Ausland. Sich dessen immer wieder bewusst zu sein bzw. sich immer wieder in Erinnerung zu rufen, ist daher auch wichtiger Teil unserer Identität, die nicht nur das dienstliche Verhalten bestimmt, sondern auch mein privates Auftreten beeinflussen sollte.

Was bedeutet es nun aber ganz praktisch, im Auswärtigen Dienst zu leben? Die ausführliche Antwort hierauf will ich versuchen, in den nachfolgenden Kapiteln zu geben. Ohne zu sehr die Details meines Büroalltags zu beschreiben, erscheint es mir an dieser Stelle hilfreich, vorab eine kurze Zusammenfassung der von mir im Laufe meiner Dienstzeit ausgeübten Tätigkeiten zu geben.

Nach der Laufbahnprüfung im September 1983 war ich zunächst als Sachbearbeiter in der Besoldungsstelle des Auswärtigen Amts eingesetzt. Es folgten Auslandseinsätze als Sachbearbeiter zunächst im Bereich Pass und Visa, später dann in den Bereichen Kultur, Presse und Entwicklungszusammenarbeit. Bei meinem zweiten Inlandseinsatz wurde ich in der Personalabteilung eingesetzt, wo ich u.a. als Grundsatzsachbearbeiter für Fragen des Tarifrechts tätig war. Es folgten zwei Auslandseinsätze als Kanzler (Leiter der inneren Verwaltung einer Botschaft bzw. eines Generalkonsulats), bevor ich im Jahr 2000 zum Vorsitzenden des Personalrats des Auswärtigen Amts gewählt wurde. 2004 absolvierte ich den Aufstieg in den höheren Dienst und drückte noch einmal ein Jahr lang die Schulbank zusammen mit 40 Kolleginnen und Kollegen, die, frisch von der Universität kommend, eine Karriere im Auswärtigen Dienst anstrebten. Genau wie der gehobene Dienst bietet auch diese Laufbahn ein breites Spektrum an Tätigkeiten, die den „Lebenslauf" bunt und vielfältig erscheinen lassen. So war ich mehrfach als Referent für Presse und Kultur eingesetzt, kehrte für kurze Zeit in die Personalabteilung zurück, kümmerte mich drei Jahre lang um Bau- und Liegenschaftsfragen und setzte mich als politischer Referent intensiv mit Lateinamerika auseinander. Auf meinem jetzigen Posten bin als stellvertretender Botschafter, Leiter des Wirtschaftsreferats und Beauftragter für EU-Angelegenheiten eingesetzt.

Wer sich fragt, woher die Kenntnisse für all die verschiedenen Aufgaben stammen, die ich wahrgenommen habe, muss wissen, dass das Auswärtige Amt seine Mitarbeiterinnen und Mitarbeiter zu sogenannten „Generalisten" ausbildet, von denen böse Zungen behaupten, sie könnten alles, aber nichts richtig! Ich lasse das einfach mal so im Raum stehen, allerdings nicht ohne zu bestätigen, dass im Auswärtigen Dienst viel Wissen und Expertise durch „learning by doing" entsteht!

Dieser kurze Abriss meines bisherigen Werdegangs lässt vielleicht schon erahnen, welche Wesensmerkmale ein Diplomatenleben (mit)bestimmen: Ich habe mich für einen Beruf entschieden, der extrem spannend und sehr abwechslungsreich ist. Er führt mich in regelmäßigen Zeitabständen an neue Einsatzorte, bringt mich laufend mit neuen Kolleginnen/Kollegen sowie mit fremden Menschen und deren Kultur im jeweiligen Gastland zusammen, eröffnet mir die Chance, alle drei bis vier Jahre in einem anderen Tätigkeitsfeld eingesetzt zu werden und so ständig meinen Horizont zu erweitern. Manche meiner Kolleginnen und Kollegen sagen, Arbeiten im

Auswärtigen Amt sei wie ein ständiger Bildungsurlaub. Sicher habe ich das Privileg, an einem Programm für lebenslanges Lernen teilzunehmen. Fest steht aber auch, dass ich mich mit dem Auswärtigen Amt nicht nur für einen Job, sondern vielmehr für eine außergewöhnliche Lebensform entschieden habe, die viele positive Seiten hat, die aber auch besondere Herausforderungen mit sich bringt, die anzunehmen und als Teil der Arbeitsplatzbeschreibung zu akzeptieren Voraussetzung dafür ist, dass man im Auswärtigen Dienst dauerhaft zufrieden ist.

Dank den Müttern dieser Welt

Wie kam ich überhaupt in den Auswärtigen Dienst? Anders als für manche der Aspiranten, die mit mir zusammen das Auswahlverfahren durchliefen, war das Auswärtige Amt einer von vielen potenziellen Arbeitgebern, bei denen ich mich 1979, im Jahr vor meinem Abitur, beworben hatte. Das Tätigkeitsprofil eines Beamten im „gehobenen auswärtigen Dienst", über das ich zuvor in einer Broschüre des Arbeitsamts gestolpert war, entsprach genau meinen Vorstellungen: eine Tätigkeit, in der ich aktiv meine auf dem Gymnasium erworbenen Fremdsprachenkenntnisse (Englisch, Französisch, Russisch) anwenden konnte.

Die Einladung zum zweitägigen Auswahlverfahren in Bonn erreichte mich im Frühjahr 1980, kurz vor Eintritt in die Prüfungsphase des Abiturs. Eigentlich war mir zum damaligen Zeitpunkt bereits ein Ausbildungsplatz sicher, hatte ich doch im Herbst 1979 einen Lehrvertrag zum Bankkaufmann bei einer namhaften Bank in Schleswig-Holstein mit intensivem Osteuropageschäft unterschrieben. Perspektivisch hatte ich mein berufliches Wunschziel also schon erreicht. Warum also weitersuchen? Was mehr konnte mir das Auswärtige Amt, bei dem ich mich, siehe oben, aus genau denselben Gründen beworben hatte, bieten?

Die Antwort auf diese Frage gab mir meine Mutter: Eine Einladung vom Auswärtigen Amt könne man unmöglich ausschlagen! Auch wenn ich die Aufnahmeprüfung nicht schaffen sollte, hätte ich es zumindest versucht. Ihr Motto: Wer nicht wagt, der nicht gewinnt! Und außerdem: Falls es nicht klappen würde, sei ich wenigstens einmal in der (damaligen) Bundeshauptstadt gewesen. Für ein Landei wie mich sei allein das schon die Reise wert. Letzteres überzeugte mich vollends! Mehr um meiner Mutter zu gefallen als aus Überzeugung setzte ich mich also eines Tages in den Nachtzug von Hamburg nach Bonn, machte mich kurz nach Ankunft in der Ausbildungsstätte des Auswärtigen Amts frisch und ging in den schriftlichen Test. Völlig erschlagen sank ich abends im Hotel ins Bett. Der nächste Tag stand im Zeichen des mündlichen Auswahlverfahrens. Mehrfach hatte ich in diesem Teil der Prüfung das Gefühl, mich bei Vorträgen, Fragerunden und Gruppendiskussionen vor einer riesigen Kommission um Kopf und Kragen zu reden. Während sich einige der mit mir leidenden Bewerberinnen und Bewerber am Ende des Tages sarkastisch mit „Na dann bis zum 1. Oktober!" (dem Einstellungsdatum) verabschiedeten, versuchte ich mich mit dem Gedanken anzufreunden, dass für mich die große weite Welt an den Landesgrenzen Schleswig-Holsteins enden würde. Frustriert bestieg ich wieder den Nachtzug in Richtung Hamburg, um meiner Mutter am nächsten Tag zu melden, dass ich von Bonn als Hauptstadt nichts gesehen hatte, die Reise also völlige Zeitverschwendung gewesen sei.

Bis – ja bis eines Tages ein großer brauner Briefumschlag mit der Zusage eintraf. Ich hatte es also tatsächlich geschafft, die anspruchsvolle Aufnahmeprüfung des Auswärtigen Amts – einer Behörde, mit deren Aufgaben und Struktur ich mich erst wenige Monate zuvor erstmals im Detail befasst hatte – zu bestehen! Es lockte tatsächlich „die Welt als Arbeitsplatz" (lange Zeit ein Werbeslogan des Auswärtigen Amts)! Aber: Ich hatte ja schon einen Ausbildungsvertrag unterschrieben. Plötzlich war das ein Problem. So, wie man eine Einladung vom Auswärtigen Amt nicht ausschlug, so löste man auch nicht einfach einen Ausbildungsvertrag wieder auf. Doch ich hatte Glück. Als der Personalleiter der Bank hörte, dass ich zum Auswärtigen Amt gehen wollte, gratulierte er mir mit den Worten: „Herzlichen Glückwunsch! Gehen Sie. Mit dem Auswärtigen Amt wollen und können wir uns nicht messen. Alles Gute!"

So begab es sich, dass ich am 1. Oktober 1980 als frisch gebackener Abiturient in Bonn-Ippendorf aufschlug, um am Rande des „Kottenforst" in einem dem damaligen „state of the art" entsprechenden Sichtbetonklotz zwischen Schwesternschülerinnen- auf der einen und Seniorenwohnheim auf der anderen Seite zum „Diplomverwaltungswirt" ausgebildet zu werden. Anders als manch alter Freund aus meinem Ausbildungsjahrgang kann ich nicht behaupten, dass von Beginn an für mich ein Lebenstraum in Erfüllung ging. Dafür wusste ich viel zu wenig von dem, was mich bei Auswärtigen Amt erwartete. Ja, ich war gespannt, Neugier und Vorfreude waren groß. Ich war bereit (oder naiv genug?), mich auf ein großes Abenteuer einzulassen. So unbekannt das Terrain damals war, so froh bin ich heute, dass ich es betreten habe, dass ich den Mut aufgebracht habe, mein Dorf in Schleswig-Holstein zu verlassen und mir „die Welt als Arbeitsplatz" zu erschließen. Dank sei meiner Mutter – bzw. der Hartnäckigkeit, mit der sie mich

dazu brachte, diesen ersten Ausflug in die große weite Welt zu unterneh-
men. Ihre Freude über meinen Erfolg war groß, zumindest so lange, bis ich
ihr ein paar Jahre später erzählte, ich würde nun nach Afrika versetzt. Doch
dazu später mehr!

Uneingeschränkt versetzungsbereit

Erster Oktober 1980 - da saß ich nun mit 66 anderen Kommilitoninnen und Kommilitonen aus ganz Deutschland am Bonner Waldesrand. Von meinem Zimmerfenster aus beobachtete ich, wie im Seniorenwohnheim nebenan ein schwarzer Kastenwagen vorfuhr, in dem kurz darauf ein Sarg abtransportiert wurde. Mir fiel der Spruch ein, den man bei uns auf dem Dorf gerne über die Mitarbeiterinnen und Mitarbeiter der Gemeindeverwaltung machte: „Von der Wiege bis zur Bahre – Formulare, Formulare!" Sollte das mein künftiges Leben sein? Um es vorweg zu nehmen: Keineswegs!

Meine erste „Amtshandlung" bestand darin, zu unterschreiben, dass ich ein Leben lang uneingeschränkt versetzungsbereit sein würde. Genau wie ich hatten alle Kolleginnen und Kollegen „Konsulatssekretärsanwärter" (eine von vielen Amtsbezeichnungen, die das stark in der Tradition verhaftete Auswärtige Amt zur allgemeinen Verwirrung der Außenwelt aus seiner Gründerzeit in die Moderne herübergerettet hat) dies zuvor schon einmal versichert, nämlich während des Auswahlverfahrens. Und das offenbar so glaubhaft, dass es mit der Einstellung geklappt hat. Rückblickend erscheint mir diese „Zusage" wie eine Jugendsünde. Ganz ehrlich: Mein Blick auf die Welt reichte bis London, Paris, Washington und vielleicht noch nach Peking und Moskau (schließlich hatte ich ja – obwohl in Westdeutschland sozialisiert – Russisch gelernt). Woher sollte ich wissen, wo Ouagadougou, Antananarivo oder Bandar Seri Begawan Darussalam lagen? Bagdad, Teheran, Islamabad? Egal, ich war jung und brauchte das Geld! Also unterschrieb (auch) ich.

Scherz beiseite. Das Prinzip der uneingeschränkten Versetzungsbereitschaft ist oberste Bedingung für die Einstellung beim Auswärtigen Amt. Es ist aber auch und vor allem Voraussetzung für das reibungslose Funktionieren eines Dienstes, der seinen Mitarbeiterinnen und Mitarbeitern nicht nur schöne Einsatzorte zu bieten hat, sondern der auch an Plätzen dieser Welt präsent ist, wo die Arbeits- und Lebensbedingungen beschwerlich sind und die der/dem Einzelnen und ihrer/seiner Familie Einiges abverlangen: Orte ohne ausreichende medizinische Versorgung, Megastädte mit extrem hoher Luftverschmutzung, schlechter Wasserqualität, z.T. lebensbe-drohender Kriminalität, belastenden klimatischen Bedingungen, Tropen-krankheiten, schlechten Schulen oder Arbeitsverbot für die/den mitausrei-sende(n) Partner(in), um nur einige herausragende Beispiele zu nennen.

Spätestens nach meinen Jahren in Afrika war mir klar, dass diese Rotation, d.h. die Notwendigkeit, alle drei bis vier Jahre den Dienstort zu wechseln, Teil eines Systems der Lastenteilung, des „burden sharing" ist. Jeder Mitar-beiter, jede Mitarbeiterin muss die Chance haben, nach einem Einsatz auf einem sogenannten „Härteposten" einen fairen Ausgleich durch Einsatz auf einem weniger belastenden Posten zu erhalten. Dies funktioniert nur mit einer regelmäßigen Rotation. Man kann darüber streiten, wie lang die jeweilige Standzeit auf einem bestimmten Dienstposten sein sollte. Das Prinzip des regelmäßigen Standortwechsels als solches aber wird im Aus-wärtigen Amt nicht in Frage gestellt.

Die Rotation beinhaltet im Übrigen auch eine regelmäßige Rückkehr in die Zentrale des Außenministeriums, früher also nach Bonn, seit 1999 nach Ber-lin (oder Bonn, wo dank des Bonn-Berlin-Gesetzes immer noch ein nen-nenswerter Teil der Belegschaft arbeitet). Was für eine ganze Reihe meiner Kolleginnen und Kollegen eher wie ein vorübergehender Hausarrest oder gar eine Strafversetzung anmutet, hat meiner Auffassung nach eine wich-tige Funktion, nämlich eine Art „Resozialisierung". Wir alle, die wir im Auswärtigen Amt (in der Rotation) tätig sind, nehmen für uns in Anspruch, im Ausland unser Land zu vertreten. Diesem Anspruch kann ich jedoch nur gerecht werden, wenn ich in regelmäßigen Abständen wieder für ein paar Jahre in Deutschland lebe, wieder Teil dieser Gesellschaft werde, teilnehme am politischen und gesellschaftlichen Diskurs und fühle, wie es den Men-schen in Deutschland geht, was sie bewegt und warum sie genau so denken wie sie denken. All das ist notwendig, um die Bodenhaftung nicht zu ver-lieren, Deutschland und die Deutschen zu verstehen und im Ausland erklä-ren zu können.

Nun klingt „uneingeschränkt versetzungsbereit" bedrohlicher als es die Le-benswirklichkeit ist. Ich bin oft von Außenstehenden, d.h. Freunden, Be-kannten, Verwandten gefragt worden, wie denn eine Versetzungsplanung funktioniert. Meine Antwort darauf lautet wie folgt: Ich bewerbe mich auf eine Liste mit im Jahr meiner Versetzung frei werdenden Dienstposten, reiche die „Wunschliste" dann bei meinem Personalreferat ein und überlasse es der Weisheit meiner dort tätigen Kolleginnen und Kollegen, zu wissen, was das Beste für mich ist! Keine Sorge, ich will an dieser Stelle keine Kollegenschelte betreiben. Zum einen ist deren Aufgabe, ein gerechtes (oder als gerecht empfundenes) Versetzungstableau zusammenzustellen, eine nervenzehrende Mammutaufgabe. Zum anderen war ich selbst mehrere Jahre lang im Personalgeschäft tätig, so dass ich glaube, mir einen solchen Satz erlauben zu dürfen, ohne missverstanden zu werden. Bei der Versetzungsplanung gibt es eine ganze Reihe von Kriterien, die in die Planung einfließen und am Ende das Ergebnis beeinflussen: allem voran dienstliche Belange (alle Posten weltweit müssen besetzt werden), persönliche Qualifikation für einen bestimmten Arbeitsplatz, Familienstand, geschlechtliche Orientierung (in einigen Ländern der Erde sind Beziehungen zwischen gleichgeschlechtlichen Partnerinnen oder Partnern verboten), Gesundheitszustand der zu versetzenden Personen, Schulerfordernisse, in Ausnahmefällen auch die Berufstätigkeit des Partners/der Partnerin und Vieles mehr. Die Personalplaner haben also keine leichte Aufgabe, wenn sie unter Berücksichtigung all dieser Faktoren ein nachvollziehbares Planungstableau zusammenstellen wollen – schließlich werden Jahr für Jahr ca. 1.500 bis 2.000 Kolleginnen und Kollegen aus allen Laufbahnen versetzt.

Auf Umwegen nach Afrika

Drei Jahre später, nach bestandener Laufbahnprüfung und mit dem FH-Diplom des „Verwaltungswirts – Fachbereich Auswärtiger Dienst" in der Tasche, endete für unseren Lehrgang das Studentendasein und der Ernst des Lebens begann. Unsere Wege trennten sich, allerdings nicht dauerhaft. Es ist eine von vielen Besonderheiten des Auswärtigen Dienstes, dass man sich nie völlig aus den Augen verliert. Dadurch dass das Auswärtige Amt drei Beamtenlaufbahnen selbst ausbildet, wächst man automatisch in eine Art Familie hinein, in der irgendwann jeder seinen eigenen Weg geht, mit der man sich aber immer wieder einmal – meist bei zeitgleichen Einsätzen in der Zentrale - trifft. Das gibt Gelegenheit, die alte Verbundenheit, das alte „Wir-Gefühl" wieder aufleben zu lassen, in Erinnerung an gemeinsame Zeiten zu schwelgen und zu verfolgen, wie sich der/die Einzelne im Laufe der Jahre verändert hat (oder auch nicht). Familie eben, mit dem Unterschied, dass man die schönen Momente teilen, sich ansonsten aus dem Weg gehen kann. Im Auswärtigen Dienst begegnen sich die meisten Menschen nicht nur einmal. Die Rotation bringt es mit sich, dass man sich immer mal wiedertrifft. Jahr für Jahr erweitert sich der Bekannten- und Freundeskreis. Immer wieder ist es schön, mit anzusehen, wie sich Kolleginnen und Kollegen in der Kantine des Auswärtigen Amts vor lauter Wiedersehensfreude um den Hals fallen. Ohne je in einer anderen deutschen Behörde gearbeitet zu haben, halte ich diese Art des oft über reine Kollegialität hinaus gehenden Miteinanders der Mitarbeiterinnen und Mitarbeiter für eines der vielen Alleinstellungsmerkmale des Auswärtigen Amts.

Nun aber zurück zu meiner ersten Versetzung. Meine Mission begann nicht etwa in der großen weiten Welt, sondern in Bonn! Gleich zu Beginn meiner Karriere verlief der Planungsprozess ein wenig „uneben". Zunächst unternahm ich den Versuch, aufgrund meiner Russischkenntnisse eine Versetzung in die damalige Sowjetunion (Moskau oder St. Petersburg) zu bekommen. Wir schrieben das Jahr 1983, das Ende des Kalten Krieg war also noch in weiter Ferne und meine sprachliche Qualifikation stellte sich eher als hinderlich heraus. „Sie? Männlich? 22 Jahre alt? Alleinstehend? Russischsprachig? Kommt gar nicht in Frage". Damit war das Urteil gefällt! Aus Angst vor Anbahnungsversuchen des sowjetischen Geheimdienstes – also „nur zu meinem eigenen Schutz" - verwehrte mir die Personalabteilung die Chance, das riesige Reich kennenzulernen, dessen Sprache ich zuvor gelernt hatte und das (zum damaligen Zeitpunkt) eine große Faszination auf mich ausübte. Die Enttäuschung war groß, zumal ich damit das bestätigt sah, was im Auswärtigen Amt lange Jahre als in Stein gemeißelt galt: Lerne eine Fremdsprache und Du kannst sicher sein, nicht in den betreffenden Sprachraum versetzt zu werden! In beiden Fragen hat sich im Laufe der Jahre viel geändert. Zwar gibt es weiterhin strikte Regeln zum Umgang mit ausländischen Nachrichtendiensten, insbesondere mit deren Anwerbeversuchen. Nach dem Mauerfall aber hat man damit begonnen, auf den „mündigen" Mitarbeiter und die sensible Mitarbeiterin zu vertrauen. Und selbst was Sprachkompetenz angeht, hat das Auswärtige Amt im Laufe der Jahre dazu gelernt und weiß heute die Vorteile einer fundierten Sprachausbildung deutlich mehr zu schätzen als Anfang der 80er Jahre des letzten Jahrhunderts.

Folglich blieb ich zunächst für drei Jahre in der Zentrale des Auswärtigen Amts und wurde im Bereich der inneren Verwaltung (zunächst in der Reisekosten-, später dann in der Besoldungsstelle) eingesetzt. Nicht, dass es mir geschadet hätte (gehörte ich doch schnell zu einer kleinen Minderheit von Beschäftigten, die den eigenen Gehaltszettel nicht nur lesen konnten, sondern auch verstanden), doch fieberte ich schließlich 1985 meinem ersten Auslandseinsatz – einer zweimonatigen Abordnung zur Vertretung eines im Heimaturlaub befindlichen Kollegen nach Teheran – entgegen. Als Urlaubsvertreter sollte ich die dortige Visastelle leiten, nicht nur eine willkommene Abwechslung zu meinem Bonner Schreibtisch, sondern eine herausfordernde und zugleich anspruchsvolle Aufgabe. Meine Hauptaufgabe bestand darin, ca. 400 Mal am Tag meinen Namen unter ein erteiltes Visum zu setzen und ansonsten meine 12 höchst kompetenten Kolleginnen am Schalter gegen wütende Angriffe abgelehnter Antragsteller zu verteidigen – was mir bei 2m Körpergröße und Statur einer Boxers nicht sonderlich schwer fiel! Diese in Kombination mit dem Titel des „Konsuls" verliehen Flügel – in diesem Fall den enttäuschen, ja teilweise wutentbrannten Männern aus dem Nahen und Mittleren Osten, die sich von einer Frau grundsätzlich gar nichts sagen ließen.

Zwischen Iran und Irak herrschte damals Krieg. Ein Krieg, den man in der Hauptstadt tagsüber kaum spürte (wären da nicht im Hotelaufzug propagandistische und z.T. blutrünstige Fotos ausgestellt gewesen), der aber mit Einbruch der Dunkelheit plötzlich realer wurde: Flakfeuer im nahe gelegenen Gebirge, Bombenalarm, Ausgangssperre ab 22 Uhr. Kein Klima zum Wohlfühlen, was mir spätestens bewusst wurde, als ich zusammen mit anderen Kollegen aus dem diplomatischen Korps eines Abends – von einer privaten Einladung bei Kollegen kommend – von einem Militärposten gestoppt wurde. Ich glaubte meinen Augen kaum. Drei Jugendliche, nicht älter als 13 oder14 Jahre hielten uns die Mündungen ihrer Maschinengewehre ins Auto und wollten uns zum Aussteigen zwingen. Nur den Farsi-Kenntnissen eines Kollegen einer anderen Botschaft hatten wir es zu verdanken, dass wir unbehelligt weiterfahren durften.

Was blieb von diesem Einsatz noch in Erinnerung? Die strikte Trennung der Geschlechter! Ich saß eines Nachmittags in der Cafeteria meines Hotels am Fenster mit Blick in den Innenhof. Herein kamen zwei junge, gut aussehende iranische Frauen, die sich zwei Tische weiter ebenfalls an die Fensterfront setzen wollten. Es dauerte keine Minute, da kam auch schon der Kellner und bat die Damen, sich zwei Tischreihen weiter ins Innere des Raums zu begeben. Die einzige Erklärung, die ich dafür hatte, war, dass die Frauen vom Hotelfenster aus den im Hotelpool badenden Männern hätten zusehen können, was nach den religiösen Regeln nicht statthaft gewesen wäre.

Unvergessen auch der Ausflug an einen 50 km außerhalb Teherans gelegenen Stausee - der Trinkwasserversorgung der iranischen Hauptstadt - der gleichzeitig Naherholungsgebiet für die Teheraner Bevölkerung war. Dort wurde gebadet. Männer in normaler Schwimmkleidung, die Frauen mussten auch beim Schwimmen darauf achten, dass ihr Körper möglichst vollständig bedeckt war. Mich wundert heute noch, wie viele der Frauen mit Kopftuch und Umhang oder Burkini (diesen Begriff gab es meines Wissens 1985 noch gar nicht) ins Wasser sprangen. Für einen Mann aus dem christlichen Westen ein befremdliches Bild zum Anschauen und ein Rollenverständnis, mit dem ich schon damals meine Mühe hatte. Allerdings – und das war in allen Ländern, in denen ich mich aufgehalten habe, oberste Maxime – galt für mich die Regel, dass ich derartige kulturelle Unterschiede als Gast in dem jeweiligen Land zu respektieren hatte.

Derer Erfahrungen habe ich noch weitere in den zwei Monaten meines Aufenthalts in Teheran gemacht. Legendär jedoch war der Rückflug mit Swissair von Teheran nach Zürich. Einerseits, weil ich nach zwei Monaten räumlicher und geistiger Enge zum ersten Mal fühlen konnte, was „Freiheit" bedeutet. Andererseits weil sich in der vollbesetzten DC10 der schweizerischen Fluggesellschaft Szenen abspielten, die ich nie für möglich gehalten hätte. Die Bordtoiletten verwandelten sich kurz nach dem Start in Umkleidekabinen. Zahllose Frauen verschwanden im schwarzen Tschador in der Kabine, um eine Viertelstunde später geschminkt und in modischer westlicher Kleidung wieder herauszukommen. In dieser Zeit stellten ihre männlichen Begleiter unter Beweis, dass Abstinenz von alkoholischen Getränken offenbar geographische Grenzen hatte. Ich bin weder vorher noch danach je an Bord eines Flugzeugs gewesen, auf dem so viel Alkohol ausgeschenkt wurde, wie auf diesem. Ich selbst hatte vom Start bis zur Landung immer eine volle Dose Bier am Platz und musste aufpassen, den Zielflughafen einigermaßen nüchtern zu erreichen. Auf jeden Fall ging es nach einer Weile recht fröhlich an Bord zu.

Von den Erfahrungen dieses zweimonatigen „Bildungsurlaubs" motiviert, ging ich kurz nach meiner Rückkehr mutig zum Personalplaner, um den Wunsch anzumelden, 1986 ins Ausland zu gehen. Prompt bot mir der Kollege einen Posten in Afrika an. Diesen Gedanken fand ich spontan abwegig. Ausgerechnet Afrika - hatte ich mir nicht vorgenommen, um diesen dunklen Kontinent einen großen Bogen zu machen? Was sollte ich auf einem Erdteil, von dem die Medien regelmäßig nur schlechte Nachrichten verbreiteten: Bürgerkriege, Dürre und Missernten, Hungerskatastrophen, epidemische Tropenkrankheiten, despotische Staatschefs, ausufernde Gewaltkriminalität und ein Ausmaß an Armut, das mir zumindest Respekt einflößte. In meinem jugendlichen Leichtsinn unternahm ich zunächst einen ernsthaften Versuch, das Angebot auszuschlagen. Nun ist ja Vieles im Leben eine Frage der Alternativen. So auch in diesem Fall: Wenn denn nicht Afrika, wie sei es denn mit Afghanistan, Iran, Irak, Syrien, fragte mich der Planer. Da stand ich nun, ich armer Tor und war so hilflos wie zuvor! Es sah aus, als hätte ich die Wahl zwischen Pest und Cholera. Um Zeit zu gewinnen, bat ich mir ein Wochenende Bedenkzeit aus, um in Ruhe zu überlegen, wie ich mich verhalten sollte. Mit ein wenig Abstand wurde mir schließlich bewusst, dass ich eines dieser Angebote besser annehmen sollte, um bei der Personalabteilung nicht gleich zu Beginn meiner Karriere als schwieriger Zeitgenosse und „Rosinenpicker" in Verruf zu geraten. Unbegründeter, weil auf objektiv nicht nachvollziehbaren Gründen basierender Widerspruch war damals wie heute nicht gern gesehen (wobei die Ablehnung von Planungsentscheidungen heute ein Ausmaß erreicht hat, mit dem das Prinzip der Rotation in Frage gestellt ist).

Also sagte ich mir, dass ich irgendwann sowieso in den sauren Apfel würde beißen und einen der sogenannten „Härteposten" akzeptieren müssen. Warum also nicht, solange ich noch jung, ledig und gesund war? Meine Wahl fiel auf Teheran. Wenn schon auf einen schwierigen Posten, dann dorthin, wo ich wusste, was auf mich zukommen würde und wie ich mich gezielt vorbereiten könnte. Ich also am Montagmorgen direkt zum Personalplaner mit der frohen Kunde, dass ich bereit sei, in den Iran zu gehen. Zu meiner großen Überraschung erntete ich ein müdes Lächeln und die Antwort, dieser Posten sei am vorausgegangenen Freitag vergeben worden. Wie aber sähe es mit Daressalam aus?

Wie der Zufall es wollte, hatte ich in der Vorwoche einen Kollegen aus meinem Ausbildungslehrgang getroffen, der nach Tansania versetzt worden war. Dieser Kollege schwärmte mir von Daressalam, dem indischen Ozean, dem Ngorongoro-Krater, dem Kilimandscharo und der Serengeti vor und gab mir den in diesem Moment alles entscheidenden Hinweis: „Sollte man Dir jemals Daressalam anbieten, lehn´ das bloß nicht ab. Ein echter Geheimtipp!". Diesen Rat im Hinterkopf sagte ich dem Planer noch im selben Gespräch zu. Unmittelbar danach ging ich in die Stadt, um meinen ersten Einkauf für den neuen Posten zu tätigen: Einem zweiten Rat des besagten Kollegen folgend, kaufte ich – ein Surfbrett! Zu verlockend war die Einladung meines Kollegen, nachmittags von seinem Grundstück direkt am Strand aus auf das Brett zu steigen und auf dem herrlichen Indischen Ozean bei 25 Grad Wassertemperatur eine neue Sportart zu erlernen. Den Indischen Ozean habe ich dreieinhalb Jahre lang wirklich genossen und das auch, ohne in dieser Zeit zu einem wirklich guten Surfer zu werden! Ich war mehr olympisch unterwegs: Dabei sein, war alles!

Der erste von inzwischen 12 Umzügen

Einige Wochen später machte ich mich also auf den Weg in Richtung des Kontinents, auf den ich nie gewollt hatte, auf dem ich am Ende aber neuneinhalb überwiegend glückliche Jahre meines Lebens zugebracht habe. Meine Mutter verstand die Welt nicht mehr. Ob es denn nicht auch England, Frankreich oder Italien für den Anfang getan hätten? Ob ich denn auch genug zu essen bekäme? Was, wenn ich gefangen genommen würde? Diese Sorgen wurden nur noch überboten von dem Satz „Junge, wenn Du eines Tages eine Frau kennen lernst, die Du uns vorstellen willst – sie darf auch schwarz sein, Hauptsache ......!" Den zweiten Halbsatz unterdrücke ich an dieser Stelle, da er als sowohl hinterwäldlerisch wie auch rassistisch verstanden werden könnte. Fakt jedenfalls ist, dass meine Familie sich noch weniger als ich eine Vorstellung davon machen konnte, was mich in Afrika erwarten würde. Woher auch? Es war meinen Eltern und Geschwistern nicht vorzuwerfen, schließlich waren wir als Familie bei unseren Urlauben nie über den Rheinfall von Schaffhausen hinausgekommen.

Vor der Abreise aber musste ich mich der Herausforderung meines ersten Auslandsumzugs stellen – kein einfaches Unterfangen, wie sich schnell herausstellte. Nicht nur, weil die bürokratische Vorbereitung innerhalb des Auswärtigen Amts eine Tortur war - der mehrseitige „grüne Umzugsfragebogen", der Auskunft gibt über die Gegenstände meines Hausrats, die ich mit an den Auslandsdienstort umziehen will und welcher die Grundlage für die Berechnung der mir zustehenden Umzugskosten bildet, ist seit Generationen im Kollegenkreis als Musterbeispiel ausufernder Bürokratie legendär! Vielmehr musste ich mich als junger Beamter, der als Junggeselle in Bonn ein spärlich möbliertes Apartment bewohnte, erst an den Gedanken gewöhnen, dass ich eine deutlich größere Wohnung in den Tropen beziehen und ausstatten sollte. Ich musste also meine rudimentäre Grundausstattung an Möbeln, Geschirr usw. möglichst sinnvoll ergänzen, um am neuen Dienstort der Erwartung meines Dienstherrn und Arbeitgebers gerecht werden zu können, sogenannte „gesellschaftliche Veranstaltungen" (d.h. offizielle Essen und andere dienstliche „events") in der eigenen Wohnung abhalten zu können. Darüber hinaus musste ich mich im Hinblick auf die klimatischen Bedingungen am Äquator praktisch neu einkleiden – und eine gewisse Grundausstattung an Lebensmitteln (Mehl, Zucker, Konserven, Bier, Mineralwasser usw.) und Hygieneartikeln besorgen, die vor Ort (Tansania) nicht erhältlich waren und deshalb im Container mit auf die fast vierwöchige Seereise gehen sollten. Das Geld rann mir nur so durch die Hände! Als ich die Versetzungsreise antrat, wies mein Konto ein Minus von 48.000,- DM aus, wobei die Ausgaben für das Auto (ein Geländewagen, schließlich wollte ich ja durchs Land reisen) den größten Kostenfaktor darstellten. Dennoch war ich einigermaßen geschockt, mit einem so großen Schuldenberg ins Ausland zu gehen!

Der Umzug als solcher lief glücklicherweise reibungslos ab. Anders als manche Kolleginnen und Kollegen, deren Container entweder beim Seetransport über Bord gegangen sind, auf Landtransporten aufgebrochen und einschließlich aller persönlichen Erinnerungsstücke wie z.B. Hochzeitsfotos ausgeräumt worden waren oder deren Hab und Gut in viele kleine Einzelteile zerbrochen im Ausland ankamen, hatte ich bei meinen Umzügen großes Glück. Katastrophen sind in all den Jahren ausgeblieben. Auch wenn bei meinen inzwischen 12 Umzügen das eine oder andere Glas oder die eine oder andere Stehlampe nach dem Auspacken ersetzt werden mussten: Das im Auswärtigen Amt weitläufig bekannte Omen „Dreimal umziehen ist wie einmal ausgebombt." hat mich nie ereilt.

Daressalam – Hafen des Friedens

Afrika begrüßte mich mit einem heftigen Tropengewitter, Saunaklima, Straßen mit riesigen Schlaglöchern, die sich bei Regen schnell in tiefe Seen verwandelten - und mit einer wunderschönen Dienstwohnung mit Blick aufs Meer. Mein Heimweh dauerte genau drei Tage, danach fühlte ich mich in Daressalam zu Hause. Es war der Beginn einer wunderbaren Freundschaft, die erst enden sollte, als ich Sorge hatte, dass meine Gesundheit dauerhaft Schaden nehmen würde. Schnell lernte ich, dass man sich bei der Auswahl seines Dienstortes nie allein auf die Aussagen Dritter – seien es die Medien oder eigene Kollegen – verlassen durfte. Entscheidend für das persönliche Wohlbefinden waren und sind immer die eigenen Eindrücke und Erlebnisse, die man sammelt und mit denen man umzugehen hat. Ich begriff rasch, dass ich in einem armen, aber wunderschönen Land mit liebenswerten Menschen gelandet war, einem Land mit einer spannenden und interessanten Geschichte, einem Land, in dem wir Deutsche trotz unserer kolonialen Vergangenheit hoch angesehen und geschätzt waren.

Wie spannend meine Aufgabe dort war – ich war in den ersten beiden Jahren als Sachbearbeiter im Rechts- und Konsularbereich eingesetzt und u.a. zuständig für alle Fragen deutsche Staatsangehörige betreffend -, zeigt folgendes Beispiel: Eines Tages wurde mir von unserem Pförtner gemeldet, dass ein Askari an der Pforte sei, um seine Rente abzuholen. Ich traute meinen Augen und Ohren nicht. Da stand wahrhaftig ein fast 100jähriger Mann vor mir, der im ersten Weltkrieg auf der Seite der deutschen Kolonialtruppen gegen die Briten gekämpft hatte. Er erzählte mir, dass er der letzte Überlebende sei, dem diese Ehre damals zuteil geworden war. Voller Stolz und Enthusiasmus berichtete er von einzelnen Schlachten, die die Deutschen damals gewonnen hätten und wie schade es doch sei, dass man den Krieg verloren habe. Der deutsche Staat hatte sich verpflichtet, diesen treuen Dienern bis zu ihrem Ableben eine Rente zu zahlen. Ich hatte zum ersten Mal in meinem Leben das Gefühl, plötzlich Teil der deutschen Geschichte zu sein. Leider kam ich nur ein einziges Mal in den Genuss, mit diesem Mann zu sprechen. Kurz nach unserem Zusammentreffen verstarb der letzte Askari in Tansania (nein, es bestand kein kausaler Zusammenhang zwischen unserem Gespräch und seinem Ableben!).

Als besonders denkwürdig habe ich auch den ersten Todesfall in Erinnerung, den ich in Daressalam – wörtlich übersetzt: dem Hafen des Friedens - zu betreuen hatte. Kurz nach meinem Dienstantritt verstarb ein vorübergehend in Tansania ansässig gewordener deutscher Staatsangehöriger. Meine Aufgabe war es, die Überführung des Leichnams nach Deutschland zu organisieren. Das war jedoch leichter gesagt als getan. Die in Deutschland lebende Familie des Mannes, Ehefrau und zwei Töchter, lehnten die Kostenübernahme für die Heimführung des Leichnams ab. Kurz bevor es zu der in solchen Fällen dann üblichen Bestattung auf einem örtlichen Friedhof kam, erreichte mich dann aber die Nachricht, ich möge ihn einäschern und die Urne mit den sterblichen Überresten nach Deutschland überführen lassen. Auch das war leichter gesagt als getan. Für eine internationale Überführung bedurfte es einer Urne, die spezifischen Anforderungen vor allem hinsichtlich ihrer Beschaffenheit und Hygiene entsprach. Natürlich war eine solche vor Ort nicht käuflich zu erwerben. Improvisation war gefragt. Ich bat einen deutschen Ingenieur, eine den Vorschriften weitgehend entsprechende Urne in seinem metallverarbeitenden Betrieb anzufertigen – und war erfolgreich. Nun stellte sich aber die Frage, wo man einen deutschen Staatsangehörigen in Daressalam einäschern lassen konnte. Die Antwort: Nur bei den Hindus! An der tansanischen Küste, vor allem aber in Daressalam selbst, lebten viele Inder, die ihre Toten nach Hindubrauch beisetzten. Fester Bestandteil dieser Traditionen war die Feuerbestattung. Und so entschlossen wir uns, auch den verstorbenen Deutschen nach ebenjenem Gebrauch einäschern zu lassen. Eine denkwürdige Veranstaltung. Zunächst glaubte ich mich in einem falschen Film: Es fuhr doch tatsächlich vor der Leichenhalle ein schwarzer Kastenwagen mit rotem Hakenkreuz darauf vor! Wollte man uns in der Botschaft auf den Arm nehmen oder gar diskreditieren? Glücklicherweise fiel mir in letzter Sekunde ein, dass das Hakenkreuz ja das Zeichen des indischen Sonnengottes ist. Ich atmete auf und ließ der weiteren Zeremonie ihren Lauf. Doch damit nicht genug. Nachdem die sterblichen Überreste in die Urne verbracht und diese fest für den internationalen Luftweg versiegelt war, dauerte es noch fast drei Monate bis sich die Verwandten entschieden und das Geld für die Urnenüberführung überwiesen hatten. Wohin aber solange mit der Urne? Der

Platz hätte ungewöhnlicher nicht sein können: Der Verstorbene wartete mehrere Wochen auf meinem Büroschrank darauf, zum Flughafen gebracht zu werden. Spätestens jetzt war mir klar, dass das Leben im Auswärtigen Dienst alles andere als Routine war. Letztere gab es natürlich im Büroalltag auch, schließlich ist eine deutsche Botschaft ja auch immer eines: eine Behörde und damit Teil der deutschen Verwaltung!

Die Botschaft Daressalam war Mitte der 1980er Jahre eine Vertretung, deren technische Ausstattung alles war, nur nicht auf der Höhe der Zeit. Es gab weder einen PC noch ein Faxgerät! Das Internet war noch nicht erfunden und der einzige Kontakt zur Außenwelt war der wöchentlich (manchmal auch mit mehrwöchiger Verspätung, weil die Lufthansa beim Verladen des Kuriersacks in Frankfurt mal wieder Daressalam mit Bandar Seri Begawan Darussalam verwechselt hatte) per Flugzeug ankommende und ausgehende Kurier, früher auch als Postsack bekannt. Heute kaum mehr vorstellbar: Anders als im digitalen Zeitalter hatte man damals noch Zeit, sich eine Antwort auf eine dringende Frage in Ruhe zu überlegen und zu formulieren. Heutzutage erreicht die erste Mahnung per Mail den Empfänger im Zweifel schon vor der eigentlichen Anfrage! Das öffentliche Telefonnetz – und damit auch unsere Verbindung nach Deutschland – brach bei jedem Tropenregen zusammen, weil die Wassermassen zu Kurzschlüssen führten. Doch schon zum damaligen Zeitpunkt galt der Grundsatz „Alles mit der Auslandszulage abgegolten"! Regelmäßig trösteten wir uns in der Botschaft damit über die eine oder andere Unzulänglichkeit hinweg, mit der man in Tansania klarkommen musste. Dies galt übrigens auch für die Versorgung mit Kraftstoff. Wir tankten regelmäßig bei BP, was unter den Europäern in Tansania regelmäßig mit „bado petroli" übersetzt wurde. Dies bedeutete so viel wie „ist gerade aus, gibt es bald wieder". Auch mit anderen Abkürzungen hatten wir unseren Spaß. So lautete z.B. das Kürzel für die tansanische Fluglinie „Air Tanzania Corporation" ATC – „All times cancelled" traf den Nagel aber wesentlich besser auf den Kopf!

In Tansania gab immer mal wieder meine Statur Anlass zum Gespräch. Mal wurde ich für einen Basketballer gehalten, mal für einen Boxer. Wenn ich zu Fuß in der Stadt unterwegs war, teilte sich vor mir – sei es aus Respekt, sei es aus Angst - die Menge an Menschen, die mir entgegenkamen. Das mit Abstand lustigste Ereignis aber trug sich bei einem Besuch des damaligen deutschen Entwicklungsministers in Daressalam zu. Der Minister reiste in Begleitung von ca. 25 Journalisten an, deren Betreuung meine Aufgabe war (ich war kurz zuvor aus dem Konsularbereich in das Presse- und Kulturreferat der Botschaft umgesetzt worden). Ich war also ständig in deren Nähe. So auch bei einem Abendessen, das der tansanische Finanzminister für die ganze deutsche Delegation gab. Die Delegationsmitglieder betraten den großen Saal, der feierlich eingedeckt war und an dessen Ende sich ein großer Tisch für die Pressevertreter befand. Ich hatte gerade neben den deutschen Journalisten Platz genommen, als mir ein tansanischer Sicherheitsbeamter auf die Schulter klopfte und mir ins Ohr flüsterte: „Excuse me Sir, for bodyguards it´s the other room". Offenbar hatte man mich für einen Personenschützer des Ministers gehalten. Glücklicherweise ließ sich dieses Missverständnis schnell aufklären.

Vom Konsularfall zu meiner treuesten Weggefährtin

Im Frühjahr 1986 begegnete ich der Frau meines Lebens – nur dass ich das erst zu einem späteren Zeitpunkt erahnen sollte. Als Konsularbeamter gehörte es u.a. zu meinen Aufgaben, in Not geratenen Deutschen zu helfen. Und so begab es sich eines Tages, dass eine Touristin in die Botschaft kam, der man zunächst im YWCA, später dann noch bei einem Überfall in der Stadt, Bargeld und Reisedokumente gestohlen hatte. Sie benötigte einen neuen Reisepass – und ich war der freundliche Passbeamte!

Nachdem ich Ihr das Angebot unterbreitet hatte, ihre Reiseschecks bei mir zu deponieren (damals bestand diese Möglichkeit noch, wenn auch gegen eine Verwaltungsgebühr) und in mehr oder weniger regelmäßigen Abständen vorbeizukommen, um eine „Bestandsverstärkung" vorzunehmen, kamen wir langsam ins Gespräch und lernten uns näher kennen. Ich nahm mir mehrere Wochen Zeit, um ihre Frage nach den Aufgaben eines deutschen Beamten im afrikanischen Busch ausführlich zu beantworten. Die Zeit verging schnell, um nicht zu sagen zu schnell. Eines Tages teilte sie mir bei einem Abendessen im „Roof Top Restaurant" des Hotel Kilimandscharo mit, dass sie wenige Tage später nach Kenia weiterreisen würde. Der Grund dafür lag darin, dass sie einige Monate zuvor ihr Ethnologie-Studium mit dem Schwerpunkt „Afrikanische Kulturen" abgeschlossen hatte und auf der Suche nach einem geeigneten Ort für ihre Dissertation war. Diesen hoffte sie nun nach mehreren Monaten Rundreise mit öffentlichen Verkehrsmitteln (!) durch Ostafrika und einem Swahili-Kurs auf Zanzibar auf der Insel Lamu vor der kenianischen Küste zu finden.

Diese Nachricht stimmte mich traurig, hatte ich doch erste Gefühle für diese Frau mit der blonden Löwenmähne entwickelt. Rettung aber nahte in Form der Einladung, die sie aussprach: Ich könne sie ja mal auf Lamu besuchen, wenn ich Lust hätte! Später erfuhr ich, dass sie nicht ernsthaft mit meinem Besuch gerechnet hatte. Weder hatte sie sich vorstellen können, dass ein deutscher Beamter, der niemals in Afrika öffentliche Verkehrsmittel benutzt hatte (Wozu? Ich hatte ein eigenes Auto!), eine eher beschwerliche Reise inklusive Aufenthalt in einer vergleichsweise einfachen Unterbringung auf sich nehmen würde. Noch hatte sie zum damaligen Zeitpunkt

Lust auf eine Beziehung. Um eine lange Geschichte kurz zu machen: Auf Lamu kamen wir uns schließlich näher. Mehr noch: Es war der Beginn einer wunderbaren Beziehung. Im Mai 2020 haben wir unseren 32. Hochzeitstag gefeiert!

Ich bin meiner Frau aus vielen Gründen zu Dank verpflichtet. Einer davon ist, dass ich durch sie Einblicke in das afrikanische Leben bekommen habe, die mir sonst nie vergönnt gewesen wären. Unzählige Geschichten und kleine Episoden säumen unseren gemeinsamen Weg. Es würde den Rahmen sprengen, hier alle aufzuzählen. Beispielhaft seien daher an dieser Stelle nur drei genannt:

Immer in Erinnerung bleiben wird mir der Besuch des ersten deutschen Postamts auf afrikanischem Boden. Schon der Weg dorthin – zunächst mit einem einfachen Holzboot von Lamu ans Festland, gefolgt von einer ca. 45-minütigen Fahrt mit dem öffentlichen Bus (Premiere!) mit uns als einzige weiße Passagiere – war für mich Abenteuer genug. Beeindruckend dann nicht nur der Ausflug in die deutsche Kolonialgeschichte, sondern auch der Spaziergang durch eine riesige Bananenplantage. Dieser wurde kurz unterbrochen von einem längeren Hupen, von dem ich vermutete, es sei unser Bus für die Rückfahrt. Meine (heutige) Frau beruhigte mich mit der Frage, ob ich jemals erlebt hätte, dass ein Bus in Afrika eine halbe Stunde vor Fahrplan fuhr (wie sollte ich?). Mangels genauer Kenntnis von der Pünktlichkeit des ÖPNV auf dem afrikanischen Kontinent verneinte ich diese Frage – allerdings um eine halbe Stunde später eines Besseren belehrt zu werden. Bei unserer Rückkehr an die Bushaltestelle fanden wir nicht nur keine Passagiere mehr vor, sondern mussten erfahren, dass der letzte Bus des Tages zurück nach Lamu ausnahmsweise früher als sonst gefahren war. Was tun? Ich musste dringend zurück auf die Insel, weil am nächsten Tag mein Rückflug nach Daressalam anstand. Nach längerer Suche fanden wir im Dorf tatsächlich einen alten Landrover, dessen Besitzer bereit war, uns zurückzubringen. Zwar kostete uns dieser Spaß ungefähr das Hundertfache des Buspreises, doch musste uns dies angesichts fehlender Alternativen egal sein.

Im Mai 1988 haben wir geheiratet. Kurz zuvor waren wir am Stadtstrand von Daressalam am helllichten Tag Opfer eines bewaffneten Überfalls geworden, bei dem zwei Jugendliche uns mit vorgehaltenen Waffen bedrohten. Während ich in die Gesäßtasche meiner Sporthose griff, um den geforderten Autoschlüssel herauszuholen, löste sich aus einer der Waffen ein Schuss. Dieser blieb glücklicherweise im Sand zwischen uns stecken, niemand wurde verletzt. Allerdings standen wir so unter Schock, dass wir am nächsten Tage beschlossen, nach Deutschland zu fliegen, ein neues Auto zu kaufen, uns ein paar Tage zu erholen – und bei dieser Gelegenheit gleich zu heiraten! Dieser spontane Entschluss (besser gesagt: dieser überraschende „Antrag" meiner Frau) fiel aus heiterem Himmel, wir haben ihn aber nie bereut. Natürlich geht man in 30 Jahren durch manches Tal, erklimmt dafür aber auch gemeinsam manche Höhe und wächst gelegentlich über sich hinaus.

Aber zunächst noch einmal zurück nach Afrika. Unmittelbar nach unserer Hochzeit begann für uns eine längere Phase des Getrenntlebens. Meine Frau hatte inzwischen ein Thema und einen Standort für die Feldforschung im Rahmen ihrer Dissertation gefunden: Zanzibar! Ein DAAD-Stipendium ermöglichte es ihr, 18 Monate lang in drei verschiedenen Dörfern auf der „Nelkeninsel" (Warum nur hatten wir dieses wunderschöne Eiland zu Anfang des 20. Jahrhunderts gegen Helgoland getauscht?) den Wandel der Ernährungsgewohnheiten von Menschen in Fischereigesellschaften „unter besonderer Berücksichtigung von" (was wollen uns Akademiker damit nur sagen?) Entwicklungshilfeprojekten der lokalen Bevölkerung zu erforschen. Um die Zeit der Trennung nicht allzu lang werden zu lassen, hatten wir verabredet, uns alle drei Wochen für ein Wochenende in Zanzibar Town, der Hauptstadt der gleichnamigen Insel, zu treffen. Zusätzlich legte meine Frau alle drei Monate vor dem Umzug in ein neues Dorf eine kurze Pause „zu Hause", d.h. in Daressalam, ein.

Besonders spannend für mich waren diese eineinhalb Jahre immer dann, wenn ich meine Frau in den Dörfern besuchte und ein paar Tage Leben unter den einfachsten Bedingungen mit ihr teilte. Vorausgesetzt, es gelang mir, überhaupt auf die Insel zu kommen! Ich erinnere mich z.B. noch sehr gut daran, wie ich einmal voller Vorfreude am Flughafen in Daressalam stand und trotz bestätigter Buchung nicht ins Flugzeug durfte. Der freundliche Air Tanzania-Mitarbeiter am Schalter nahm mein Ticket entgegen, schaute mit sorgenvoller Miene an mir hoch und sagte – kopfschüttelnd nur

„No Sir!". Meine Frage, was das denn zu bedeuten habe, beantwortete er mit „You are too big, Sir. We cannot take you, we only have a small plane". Ich sah schon das lang ersehnte Wochenende mit meiner Frau platzen, da kam mir die Idee, mir ein eigenes Flugzeug zu chartern. Gedacht, getan ging ich zum Schalter einer Charterfluggesellschaft, die kleine einmotorige Cessna-Flieger vermietete und hatte Glück. Eine Maschine mit Pilot war an diesem Nachmittag noch verfügbar und so kam ich dann schließlich sogar kurz vor dem Linienflug in Zanzibar an. Zur Kostensenkung nahm ich allerdings noch einen mir unbekannten Europäer mit, der ebenfalls am Flughafen gestrandet war und als Anhalter daherkam.

Manchmal war der Flughafen von Zanzibar Town aber auch nur die erste Etappe auf meiner Reise in die andere Welt. Um zu meiner Frau ins Dorf zu kommen, habe ich oft noch eine längere Fahrt mit dem Sammeltaxi – meist in Indien produzierte Lkw mit engen Holzpritschen auf der Ladefläche – hinter mich bringen müssen. Abgesehen davon, dass ich i.d.R. der einzige Weiße an Bord war und schon allein aus diesem Grund Aufsehen erregte und zum Tuscheln Anlass gab, waren die Fahrten durch den Busch auf schlechten Pisten ziemlich anstrengend (blaue Flecken inklusive). Dennoch habe ich mich immer wie ein großer Abenteurer gefühlt, der die Komfortzone der sicheren Botschaft und der schönen eigenen Wohnung in Daressalam verlassen hat.

Eine besondere Anekdote werde ich nie vergessen: Eines Tages betrachtete mich der Fahrer eines alten Einzeltaxis, das ich mir gemietet hatte, interessiert im Rückspiegel und verkündete freudestrahlend, mich zu kennen. Er sei sicher, mich schon im Fernsehen gesehen zu haben, ich sei doch der Böse aus den James Bond-Filmen, der mit den Metallzähnen! Er war nicht davon zu überzeugen, dass es sich bei seinem Fahrgast nicht um die vermutete Berühmtheit handelte und so gab ich nach einer Weile den Versuch auf, ihn vom Gegenteil zu überzeugen.

„Unter Menschen"

Welcher Diplomat hat schon das Privileg, einen so genauen Einblick in das Leben einheimischer Menschen auf „dem großen schwarzen Kontinent" zu bekommen? Zu erleben, was es für afrikanische Frauen bedeutet, den Lebensunterhalt ihrer Familie zu organisieren, zu erfahren, wie hart es ist, unter widrigsten Bedingungen die Maniokernte einzufahren oder auch nur genügend Fisch zu fangen, um auf dem Markt so viel Geld einzunehmen, dass man andere Dinge des täglichen Bedarfs beschaffen kann. Zu erfahren, wie es ist, ohne Sprachkenntnis im Kreis muslimischer Männer zu sitzen und mit ihnen Mittag zu essen – auf dem Boden sitzend, mit den Fingern aus einer großen, in der Mitte auf einer Matte stehenden Schüssel schöpfend.

Ebenso unvergesslich sind mir die unzähligen Autofahrten durch Busch, Steppe und Savanne, die wir unternommen haben, um Dörfer und Menschen zu besuchen, für die die Botschaften, an denen ich in Afrika eingesetzt war (Tansania, Kamerun, Burkina Faso), im Rahmen der Entwicklungszusammenarbeit sogenannte „Kleinstprojekte" in einer Größenordnung von damals 15.000,- DM durchführten. Meiner Frau und mir haben diese Reisen unheimlich viel Spaß gemacht, brachten sie uns doch Abwechslung zum Leben in der oftmals künstlichen Atmosphäre der Hauptstädte und mit der Realität der Länder, in denen wir lebten, in Kontakt. Was für ein Unterschied sich regelmäßig auftat zwischen der politischen Elite, mit denen die Botschaften meist in der Hauptstadt zu tun haben, und dem „wahren" Leben auf dem Land und in den Dörfern! Auf unseren Reisen – in neun Jahren sind wir ca. 300.000 km auf eigener Achse durch Afrika gefahren – haben wir unzählige Eindrücke gesammelt, viele nette und interessante Menschen kennen gelernt, manch ungewöhnliches Mittagessen zu uns nehmen müssen (Gürteltier, Buschratte und Schlange seien hier nur beispielhaft genannt) und über Afrika Eines gelernt: Armut schützt nicht vor positiver Lebenseinstellung und Optimismus! Nirgendwo sonst auf der Welt sind uns so viele Menschen begegnet, die trotz bitterer Armut nie das Lachen und das Feiern vergessen haben wie in Afrika!

Und die auch über sich selber lachen konnten! Unvergessen ist die Antwort einer Kollegin im tansanischen Außenministerium auf meine Nachfrage, wann wir denn mit einer Antwort auf eines unserer offiziellen Schreiben rechnen könnten. Die Kollegin versicherte mir mit ernsten Worten, aber am Telefon hörbarem Schmunzeln in der Stimme, dass man alles tue, um die Angelegenheit bald zum Abschluss zu bringen: „Sir, you know, we always do our level best - although we know it is not much". Ich konnte mir ein Lachen kaum verkneifen, stand aber andererseits vor dem Problem, dem Auswärtigen Amt erklären zu müssen, warum ständiges Anmahnen einer schriftlichen Antwort kaum geeignet war, den Druck auf die tansanische Verwaltung wirksam zu erhöhen. Als ich bei der nächsten Nachfrage darum bat, den zuständigen Abteilungsleiter sprechen zu dürfen, erhielt ich die Auskunft, dieser sei auf Dienstreise („Amekwenda safari"). Meine Frage, wann er denn wiederkäme wurde wie folgt beantwortet: „Sir, you know, we really don´t know."!

Machen Sie das einmal einer deutschen Verwaltung klar! Noch heute verbringe ich nennenswerte Zeit damit, meinen Kolleginnen/Kollegen in Deutschland (vor allem in den anderen Bundesministerien) zu erklären, dass sie sich keine Sorgen machen müssen, wenn bestimmte Fragen (z.B. nach Terminen oder bei der Vorbereitung von Reisen von Abgeordneten oder Ministern) nicht schon vier Monate im Voraus beantwortet werden können, weil unsere Partnerländer eine andere Arbeitsweise und vor allem ein anderes Zeitgefühl haben als wir es in Deutschland gewohnt sind. Das sind dann die Momente, in denen ich mich ganz besonders als Dolmetscher bzw. als Vermittler zwischen den Kulturen fühle.

Drei-Klassen-Gesellschaft: Afrikaner, Weiße, Franzosen

Manche Erlebnisse haben sich für ewig in mein Gedächtnis eingebrannt. Unser zweiter Auslandsposten Kamerun war für uns (bisher) das Land mit den größten Widersprüchen. Die in der Hauptstadt Jaunde – ein aus rein politischen Gründen geschaffenes künstliches Gebilde - lebende Elite zeigte sich oftmals von ihrer unangenehmen Seite: reich, arrogant und teilweise ausländerfeindlich! Nach Tansania, wo die Menschen Ausländern sehr freundlich und in der Tendenz eher mit (zu) großer Zurückhaltung begegneten, bedeutete Kamerun für uns eine große Umstellung. Jaunde präsentierte sich uns gegenüber vor allem als ausgesprochen aggressiv (dies galt vor allem für die zahllosen Taxifahrer in ihren kleinen gelben Toyotas) und zwar so sehr, dass wir immer froh waren, wenn wir die Stadt am Wochenende verlassen und in den Busch fahren konnten. Kamerun war Ende der 1980er Jahre das Land mit dem höchsten Pro-Kopf-Verbrauch an Champagner der Welt. Der kamerunische Staatspräsident verfügte hartnäckigen Gerüchten zufolge über ein Privatvermögen auf Auslandskonten, das ausgereicht hätte, um die Staatsschulden dieses Entwicklungslandes auf einen Schlag zu tilgen. Immerhin nutzte er einen Teil des Geldes, um im Jahr 1990 die Rechte an der TV-Übertragung aller Spiele der damaligen Fußball-WM zu kaufen. Alle Kameruner konnten also sämtliche Spiele der WM (einschließlich der Spiele der kamerunischen Nationalmannschaft, die bis ins Viertelfinale vorgedrungen war) live am Fernseher verfolgen. Die Tage nach den kamerunischen Siegen wurden vom Präsidenten kurzerhand zum Feiertag erklärt. Und es funktionierte: Brot und Spiele! Das Volk war bester Laune und der Gedanke, dieser Präsident würde eines Tages vom eigenen, stets latent unzufriedenen Volk gestürzt werden (können), war plötzlich ganz weit weg. Der damalige Präsident ist übrigens heute (2019) noch an der Macht!

Zu kämpfen hatten wir – genau wie andere Ausländer – mit einer Fremdenfeindlichkeit, die auf verschiedenste Art und Weise zum Ausdruck kam.

Am harmlosesten (und auf ihre Weise lustig) präsentierte sich diesbezüglich eine Marktfrau. Bei einer unserer ersten Einkaufstouren über einen der zahlreichen Obst- und Gemüsemärkte fragte uns die Verkäuferin, ob wir Franzosen seien. Wir verneinten und fragten, warum dies wichtig sei. Zur Antwort bekamen wir die Erklärung, dass es auf dem Markt drei Preise gebe: einen für Afrikaner, einen für Weiße und einen für Franzosen (die ehemalige Kolonialmacht). Wir lachten, mussten aber schnell feststellen, dass diese scheinbare Anekdote einen ernsthaften Hintergrund hatte. Frankreich hatte das reiche Land während der Kolonialzeit nach Kräften ausgebeutet. Die Kameruner hatten das bis dato noch nicht vergessen. Auch wir Deutsche waren ja bis zum Ende des Ersten Weltkriegs Kolonialmacht in Afrika. Mit dieser Zeit allerdings verband man in unseren ehemaligen Kolonien eine überwiegend positive Entwicklung: den Bau von Infrastruktur, die Einführung eines geordneten Bildungswesens und Vieles mehr. In der Rückschau betrachtet habe ich immer gesagt, Deutschland habe das große Glück gehabt, nach dem Ersten Weltkrieg durch die Siegermächte rechtzeitig aus den ehemaligen Kolonien „rausgeworfen" worden zu sein. Anders ist es kaum zu erklären, dass die afrikanische Sicht auf unsere Kolonialzeit verklärt daherkommt und die schrecklichen Gräueltaten, die auf diesem Kontinent von unseren Vorfahren im Namen der vermeintlichen Zivilisation verübt worden waren, 1990 in Vergessenheit geraten waren.

Müde Motoren und die Frau, das „Ding"

Burkina Faso – das „Land der Aufrechten" – hat uns wiederum außerordentlich positiv überrascht. Auch heute noch eines der ärmsten Länder der Welt (und damit von wirtschaftlicher Ausbeutung weitgehend verschont), hatte das Land eines zu bieten: einen unglaublichen Reichtum an fröhlichen und freundlichen Menschen! Wo immer wir hinreisten, trafen meine Frau und ich auf eine Bevölkerung, die uns mit offenen Armen und einer überwältigenden Gastfreundschaft willkommen hieß. Auch die Hilfsbereitschaft, die wir in manchen Dörfern fernab der Hauptstadt Ouagadougou – in Deutschland bekannt geworden durch den Spruch des ehemaligen Finanzministers Steinbrück „Deutschland ist doch nicht Ouagadougou" – erfahren durften, war überwältigend. Ich erinnere mich an zwei Autofahrten in Dörfer, die ein Kleinstprojekt bei der Botschaft beantragt hatten. Eines befand sich weit im Norden des Landes, abseits einer größeren Stadt. Wir erreichten dieses Dorf mit zwei platt gefahrenen Reifen. Einer der Reifen musste unbedingt repariert, d.h. der Schlauch geflickt werden, damit wir die Rückfahrt antreten konnten. Meine Frau und ich wurden gebeten, im Schatten Platz zu nehmen (Weiße galten Afrikanern allein aufgrund ihrer Hautfarbe grundsätzlich als physisch schwach), während der Fahrradmechaniker (!) des Dorfes sich um den Schlauch kümmern wollte. Leider ließ sich der Reifen nicht von der Felge lösen, auch nicht von fünf weiteren Dorfbewohnern, die ihm zur Hilfe eilten. Was tun? Passendes Werkzeug gab es im Dorf nicht. So schlug ich vor, den unter einem Baum stehenden Eselskarren zur Hilfe zu nehmen. Wir stellten diesen mit einem Rad auf die Seitenwand des Autoreifens, ich beorderte ca. 15 Personen auf die Ladefläche des Karrens und gab das Kommando zum gleichzeitigen Sprung. Es gab einen lauten Knall und der Reifen löste sich von der Felge. Die Freude über diesen Erfolg kannte keine Grenzen, und der „schwache" Weiße stieg im Ansehen der örtlichen Bevölkerung deutlich an. Der Schlauch war dann schnell repariert und wir konnten später beruhigt die Heimfahrt antreten.

In einem anderen Dorf habe ich mich kurz vor Erreichen des Ziels einmal auf einer harmlos erscheinenden Sandpiste festgefahren. Es war kurz nach der Regenzeit und auf den Buschpisten stand noch restliches Wasser. Ich wollte eine noch feuchte Stelle durchqueren, merkte jedoch zu spät, dass die Oberfläche nur angetrocknet, der Boden darunter aber noch aufgeweicht war. Plötzlich lag mein Auto auf der gesamten Bodenfläche auf. Ich stieg aus und wollte gerade meinen Klappspaten zum Freischaufeln der Räder bemühen, als aus dem Dorf eine Gruppe Bauern kam, die das Malheur betrachteten, meine Frau und mich anwiesen, uns einen schattigen Platz zu suchen und mit dem Ausgraben meines Autos begannen. Sie gruben ca. eine Stunde lang, bevor das Fahrzeug wieder frei war. Und das alles wie selbstverständlich! Ich stelle mir vor, ich fahre mich in Deutschland in einer abgelegenen Gegend.......Ach, lieber nicht!

Ich habe die Burkinabé vor allem auch deswegen geschätzt, weil sie ein sehr offenes und humorvolles Volk waren. Egal, ob manche meiner burkinischen Kollegen an der Botschaft von ihrer Ehefrau gelegentlich als „chose-là" („das Ding da") gesprochen haben oder ob ein Motorschaden am Dienstwagen mit „le moteur-là, il est vraiement fatigué" (der Motor dort ist wirklich müde), umschrieben wurde, wir haben unheimlich viel gelacht. Unvergessen auch die langen Begrüßungsszenen, die sich zwischen den Menschen abspielten: „Comment ça va? La famille? Et la mère? Le père? Les enfants? Le grand-père, la grand-mère? Et le frigo? – Ah, ça marche, Patron!" Die Frage nach dem Kühlschrank warf ich gelegentlich in diesen Dialog ein, um zu signalisieren, dass ich mit meiner Arbeit weiterkommen müsse. Das wurde verstanden und (in meinem Fall) mit Humor akzeptiert.

Nach knapp über neun Jahren kehrten meine Frau und ich dem afrikanischen Kontinent den Rücken. Im letzten Jahr in Burkina Faso hatten uns mehrere Tropenkrankheiten (darunter regelmäßige Amöbenerkrankungen, Denguefieber und Malaria) ereilt, so dass wir uns gezwungen sahen, unter Rücksicht auf die Gesundheit nach Europa zurückzukehren.

Lobster, Samosas, Brochettes und Poulet bicyclette

Apropos Amöben: Andere Länder, anderes Essen – und immer der Versuch, gesund zu bleiben! Im Laufe unserer afrikanischen Jahre haben sich unsere Mägen an unzählige kulinarische Spezialitäten gewöhnen müssen. In den Hauptstädten der Länder, in denen wir unterwegs waren, war es oftmals leicht, wenigstens eine kleine Auswahl an Restaurants mit guter Küche zu finden. Noch heute erinnern wir uns z.B. gerne an ein kleines indisches Restaurant in Daressalam, wo wir – zum Erstaunen vieler Europäer („dort kann man doch nicht hingehen") - die besten Samosas/Sambusas bekamen, die wir je in unserem Leben gegessen haben. Dekadent kamen wir uns vor, wenn wir mal wieder in das „Ocean Drive" (einem unmittelbar am indischen Ozean gelegenen Restaurant) gingen, um Lobster Thermidor zu essen – all das in einem Land, in dem es Lobster immer, Käse manchmal und Milch nur an einem gern geheim gehaltenen Ort zu kaufen gab. Unvergessen auch das „Verdoyant" in Ouagadougou, das zu unserer Zeit als beste Pizzeria in Westafrika galt. Ein ebenfalls in der ganzen Region bekannter Treffpunkt (nicht nur für „Expats") war „Emil", ein beliebter Biergarten, der von einem in Ouagadougou „hängen gebliebenen" Österreicher geführt wurde. In Kamerun gingen wir sehr gerne in kleine Restaurants, die eigentlich keine waren. In diesen kochte die Frau des Hauses landestypische Gerichte – meist Hühnchen mit Plantains (Kochbananen) und scharfer Sauce -, die im Wohnzimmer oder auf der Terrasse des Hauses serviert wurden.

Andere Erfahrungen machten wir naturgemäß auf dem Land. Gewöhnungsbedürftig waren für meine Frau und mich regelmäßig die kulinarischen Spezialitäten, die wir als Ehrengäste bei zahlreichen offiziellen Besuchen in den Dörfern (z.B. zur Übergabe von Spenden oder Kleinstprojekten) zu uns nehmen durften (oder sollte ich besser sagen: „mussten"!?), da es unhöflich gewesen wäre, die Nahrungsaufnahme zu verweigern. So haben wir im Laufe unseres Kamerunaufenthalts von Buschratte über Gürteltier bis hin zu Schlange alles probiert, was der tropische Wald so zu bieten hatte. Der Umstand, dass die meisten Gerichte zuvor stundenlang in Palmöl ge-

kocht worden waren, machte es leider nicht besser, sondern lediglich fetti-
ger. Auch der in den Dörfern hergestellte Palmwein trug nicht unbedingt
dazu bei, dass sich der europäische Magen schnell beruhigte. So manches
Mal habe ich mich nach einem ganz normalen gegrillten Hähnchen gesehnt,
auch wenn die Hühner, die man in Afrika zu essen bekam, oftmals bereits
mehrere Tausend Flugstunden (oder Hunderte von Kilometern auf dem
Fahrrad) hinter sich hatten und entsprechend zäh waren. Also suchte ich
nach manchem kulinarischen Hochgenuss Trost in dem bereits erwähnten
Satz: „Alles mit der Auslandszulage abgegolten". „Essen für Deutschland"
konnte so anstrengend sein!

(K)Ein Leben für mitausreisende Partnerinnen und Partner

Mein weiterer Weg im Auswärtigen Amt führte mich zunächst nach Danzig, später dann nach Berlin, Tallinn und Dublin. Seit Juli 2018 bin ich an der Botschaft Zagreb eingesetzt. Zu diesen Stationen später mehr. Abschließen will ich das „afrikanische" Kapitel mit dem Hinweis, dass ich mich glücklich schätzen darf, dass ich eine Ehefrau und Gefährtin an meiner Seite habe, die auch nach 30 Jahren Ehe mit einem (vermeintlich langweiligen) Beamten im Auswärtigen Dienst weder Lust noch Neugier auf neue Länder, fremde Kulturen und Menschen verloren hat. Und das trotz des Verzichts, den sie oft üben, manchen Kompromisses, den sie in den langen Jahren an meiner Seite hat eingehen müssen.

Wie viele andere mit(aus)reisende Partnerinnen und Partner hat auch meine Frau einen der größten Nachteile des Auswärtigen Dienstes am eigenen Leib erfahren müssen, nämlich wie schwierig es sein kann, das Leben an der Seite eines „Nomaden" mit einer eigenen beruflichen Karriere zu verbinden. War es früher selbstverständlich, dass einer der beiden Partner – meist die Frau – den eigenen Berufswunsch hintenan stellte, um den anderen Partner – meist den Mann – ins Ausland zu begleiten, hat die Gesellschaft im Laufe der letzten Jahrzehnte einen tiefgreifenden Wandel vollzogen. Mehr noch als zu Ende der 1980er Jahre leben wir heute in einer Zeit, in der Partner und Partnerin in einer Ehe oder eheähnlichen Gemeinschaft Wert legen auf Selbstbestimmtheit und eine eigene berufliche Karriere. Dies hat unweigerlich auch Auswirkungen auf den Auswärtigen Dienst. Immer häufiger spielt die Berufstätigkeit der Partnerin/des Partners bei der Personalplanung eine (mit)entscheidende Rolle, sei es, weil Doppelverdiener nicht auf das zweite Einkommen verzichten wollen oder können, oder weil die mehrjährige Aufgabe eines spannenden und gut bezahlten Jobs unweigerlich das Aus der beruflichen Tätigkeit in Deutschland bedeuten kann. Die Personalabteilung bekommt dies unmittelbar zu spüren: Immer öfter weigern sich Kolleginnen und Kollegen unter Hinweis auf die Berufstätigkeit des Partners/der Partnerin ins Ausland zu gehen. Immer größer wird die Zahl derjenigen Beschäftigten, deren Partnerin oder Partner in Deutschland verbleiben und die eine Fernbeziehung führen. Natürlich ist Letzteres die persönliche Entscheidung der Betroffenen, mein Lebensmodell wäre dies nicht. Allerdings habe auch ich keine tragfähige Alternative dazu anzubieten.

Allen Erwartungen zum Trotz kann auch das Auswärtige Amt in dieser Frage kaum Abhilfe schaffen. Die finanzielle Unterstützung, die der Gesetzgeber seit einigen Jahren dafür gewährt, dass der Partner/die Partnerin „am Gesamtauftrag des Auswärtigen Dienstes" (so der Grundgedanke im Gesetz über den Auswärtigen Dienst) mitwirkt, ist zu gering als dass diese/r die eigene Berufstätigkeit allein dafür aufgeben würde. Die Vorgabe des Auswärtigen Amts an die Auslandsvertretungen, bei der Einstellung von lokal beschäftigtem Personal auch die mitausreisenden Partnerinnen und Partner zu berücksichtigen, erzielt nur begrenzt Wirkung und scheitert oft an zu niedrigen Gehältern, Überqualifizierung oder den geforderten - weil i.d.R. notwendigen - Sprachkenntnissen. Entsprechendes gilt oft genug auch für Stellen, die von anderen deutschen Institutionen im Gastland – Deutsche Schulen, Goethe-Institut, Politische Stiftungen, Auslandshandelskammern usw. - ausgeschrieben werden. Erschwerend kommt hinzu, dass die Berufstätigkeit des/r mitausreisenden Partners/Partnerin von der Personalabteilung erklärtermaßen nicht als grundsätzlicher Versetzungshinderungsgrund anerkannt wird. Was allerdings - wie in meinem Fall - nicht bedeutet, dass das Auswärtige Amt darauf prinzipiell gar keine Rücksicht nehmen würde.

Auch an meiner Frau und mir ist dieses Thema nicht vorbei gegangen. Der Tag der Entscheidung – Festhalten am ursprünglichen Berufsziel oder umdisponieren – kam früher als erwartet. Nachdem sich meine Frau nach einigen nicht immer leichten Jahren in der Rolle der mitausreisenden Partnerin noch einmal bewusst für das „Diplomatenleben" entschieden hatte, entschloss sie sich, eine Tätigkeit aufzunehmen, die es ihr erlaubte, standortunabhängig erwerbstätig zu sein. Gewissermaßen hat sie ihre eigenen Erfahrungen als Frau an meiner Seite zum Beruf gemacht. Nachdem ich im Jahr 2000 vom Ausland ins Inland zurückversetzt worden war, erwarb sie in Berlin eine Reihe von Zusatzqualifikationen, die es ihr fortan ermöglichten, im Bereich des Tagungs- und Konferenzmanagements zu arbeiten. Wir können uns beide glücklich schätzen, dass diese Umorientierung erfolgreich verlaufen ist. Seit nunmehr fast 20 Jahren arbeitet meine Frau als Freiberuflerin in den Bereichen Vorbereitung mit(aus)reisender Partnerinnen und Partner auf den ersten Auslandseinsatz, interkulturelle Kommunikation und Arbeiten im internationalen Umfeld. Praktisch gestaltet sich ihre Tätigkeit so, dass sie den Hauptteil der Arbeit am heimischen Schreibtisch vom Ausland aus erledigt und mehrmals im Jahr zu den von ihr organisierten und durchgeführten Veranstaltungen oder anderen Aufträgen nach Deutschland fliegt. Dieses Geschäftsmodell hat sich bewährt, auch wenn die phasenweise sehr intensive Reisetätigkeit gelegentlich extrem kräftezehrend ist. Eine wichtige Rolle spielt in diesem Zusammenhang dankenswerter Weise auch die Personalabteilung des Auswärtigen Amts, die bei der Versetzungsplanung auf diese Art der Berufstätigkeit in den letzten Jahren immer wieder Rücksicht genommen und unserem Wunsch nach einem Verbleib in Europa nachgekommen ist.

Unsere langjährige Erfahrung und Beschäftigung mit dem Thema zeigt, dass mit der Herausforderung „eigene Berufstätigkeit" diejenigen Partnerinnen und Partner am besten zurechtkommen, die sich immer wieder neu erfinden oder die einer beruflichen Tätigkeit nachgehen, die standortunabhängig betrieben werden kann. Meiner Frau ist dies geglückt, anderen mit(aus)reisenden Partnerinnen und Partner gelang das nicht. Der Umgang mit der Situation der mitausreisenden Partnerinnen und Partner bleibt auch künftig für den Auswärtigen Dienst Herausforderung und Zukunftsaufgabe zugleich.

Herausforderung für die ganze Familie

Auch für die Kinder der Angehörigen des Auswärtigen Dienstes ist die von ihren Eltern gewählte Lebensform nicht nur vorteilhaft. Kinder leiden nachgewiesener Maßen noch stärker unter den Folgen der Rotation als Erwachsene, benötigen sie doch im jungen Alter klare Strukturen und feste Bezugspunkte im Leben noch dringender als erwachsene Menschen. Für Kinder bedeutet eine Versetzung alle drei bis vier Jahre einen besonders starken Einschnitt in ihr soziales Empfinden. Das Zurücklassen von gerade gewonnenen Freunden zum Beispiel oder der regelmäßige Wechsel nicht nur der Schule, sondern manchmal auch des Schulsystems hinterlässt bei ihnen einen viel stärkeren Eindruck als bei Erwachsenen – Anpassungsschwierigkeiten, Integrationsprobleme, Lernschwächen u.Ä. eingeschlossen.

Auf der anderen Seite bietet die Lebensform „Auswärtiger Dienst" Kindern und Jugendlichen auch einmalige Chancen. Das Leben ist abwechslungsreich, man ist schon in jungen Jahren immer wieder gefordert, sich auf Neues einzustellen und Flexibilität zu erlernen, hat die Möglichkeit, immer wieder die eigene Neugier und Abenteuerlust zu befriedigen, steht vor der Notwendigkeit, neue Sprachen zu lernen und kann sich ganz nebenbei und unbemerkt zu einem weltoffenen und toleranten Menschen entwickeln. Ich habe viele Kinder im Auswärtigen Dienst kennen gelernt, die mich mit diesen Eigenschaften überrascht und beeindruckt haben.

Gleichwohl bedeutet dies nicht, dass alle Kinder von „Diplomaten" per se den Wunsch hätten, in die Fußstapfen ihrer Eltern zu treten. Natürlich gibt es im Auswärtigen Amt viele sogenannter „Amtskinder" (z.T. sogar schon in zweiter Generation!), doch ist die Zahl der Jugendlichen, die sich nach dem Abitur oder dem Studium für ein ruhigeres Leben mit einem festen Mittelpunkt und einem stabilen sozialen Netz entscheiden, nicht wesentlich geringer. Dennoch dürfte auch diese Gruppe allen Grund haben, positiv auf die Jahre im Ausland zurückzublicken: Die in diesen Jahren gewonnene Lebenserfahrung dürfte ihnen i.d.R. helfen, in Deutschland schnell und gut beruflich Fuß zu fassen. Außerdem kann ihnen diese Jahre niemand nehmen.

Danzig in den USA

Nun aber zurück zu meinen Auslandsstationen. Nach vier Jahren Burkina Faso war es 1998 also an der Zeit, dem afrikanischen Kontinent den Rücken zu kehren. Neuneinhalb Jahre in den Tropen qualifizierten mich definitiv für einen Wunschposten an einem Dienstort mit einfacheren Lebensbedingungen – dachte ich! Leider hatte ich die Rechnung ohne den Wirt gemacht. Fristgerecht gab ich beim Personalplaner eine Liste mit mehreren Dienstorten in den USA/Kanada ab. Monatelang hüllte sich das Personalreferat in Schweigen, bis ich auf meine Nachfrage hin die Auskunft erhielt, man beabsichtige, mich an das Generalkonsulat in Danzig zu versetzen. Ich zeigte mich erstaunt und erwiderte, ob es in den USA einen zweiten Dienstort mit dem Namen Danzig gäbe. Mir sei bisher nur Danzig in Polen bekannt, worauf ich mich ja offensichtlich nicht beworben hätte. Diese Frage brachte mir alles ein, nur leider keine Pluspunkte beim Personalplaner. Er zeigte sich von seiner härtesten Seite – jegliche Diskussion zwecklos.

Was hinderte mich daran, dieses „Angebot" anzunehmen und mich gleich auf den Weg zu machen? Nun: meine Schulzeit. Ich hatte auf dem Immanuel-Kant-Gymnasium in Neumünster/Schleswig-Holstein einen hervorragenden Geschichtsunterricht genossen, der nicht, wie an vielen anderen Gymnasien der damaligen Zeit üblich, kurz vor dem Ausbruch des Zweiten Weltkriegs endete. Ich wusste daher noch sehr gut um das besonders dunkle Kapitel deutscher Geschichte in Polen, Ostpreußen und im Raum Danzig im Besonderen. Dieses Wissen ließ mich in höchsten Maße zögern. Als ich 1998 zur Versetzung anstand, war ich 37 Jahre alt und fühlte mich – ohne genau zu wissen, was auf mich zukommen würde – zu jung, um mit dieser Herausforderung umzugehen. Wie würden die Polen mir begegnen? Hatte ich damit zu rechnen, dass mir deutsche Kriegsschuld vorgehalten würde? Traute ich mir wirklich zu, mit Überlebenden aus den deutschen Konzentrationslagern zusammenzutreffen? Wollte ich mich wirklich diesem Teil der deutschen Geschichte stellen? Bei keiner Versetzungsentscheidung habe ich mich so unsicher und letztlich so unwohl gefühlt wie bei dieser. Fakt jedoch war, dass ich keine Argumente hatte, mich der Entscheidung des Personalreferats zu entziehen. So ging ich also im März 1998 als stellvertretender Generalkonsul nach Danzig – um bei der nächsten Versetzung im Jahr 2000 eine durch und durch positive Bilanz zweier aufregender und spannender Jahre zu ziehen.

Sehr schnell zeigte sich, dass meine Sorgen unbegründet waren. Zu keinem Zeitpunkt hatte ich das Gefühl, dass unsere polnischen Nachbarn mich als Vertreter der jüngeren Generation verantwortlich machten für die Gräueltaten des Dritten Reichs. Im Gegenteil: Man begegnete mir mit großer Offenheit, Freundlichkeit und Aufgeschlossenheit. Vielleicht lag es daran, dass ich von Beginn an Polnisch gelernt und so das Signal gegeben hatte, an Land und Leuten interessiert zu sein. Vielleicht lag es auch daran, dass ich meinen Aufenthalt in Danzig als ein Kapitel des Programms „lebenslanges Lernen" aufgefasst habe und meinen Gesprächspartnern vor allem zugehört habe. Auf jeden Fall konnte ich mich nie über Unfreundlichkeit, Abneigung oder gar offene Ablehnung beklagen.

Hatte ich in Tansania das große Glück gehabt, durch meine Frau die afrikanische Gegenwart, das afrikanische Dorfleben aus nächster Nähe kennen zu lernen, werde ich Danzig immer als gelebte Geschichte in Erinnerung behalten. Neben zahllosen sehr netten Begegnungen mit Menschen, darunter z.B. auch Angehörigen der deutschen Minderheit, werde ich zwei Ereignisse nie vergessen. Es handelt sich dabei um Gedenkveranstaltungen, die an das erinnern sollten, was das vergangene Jahrhundert auf schrecklichste Weise (mit)geprägt hat. Die erste war ein Gedenktag zur Erinnerung an die Befreiung des ehemaligen Konzentrationslagers Stutthoff, die zweite das Gedenken anlässlich des 60. Jahrestags des Ausbruchs des Zweiten Weltkriegs auf der Danziger Westerplatte. Beide Veranstaltungen gingen auf ihre Art unter die Haut. Erstere, weil ich als höchster Vertreter der Bundesrepublik Deutschland und Ehrengast neben ehemaligen Häftlingen platziert wurde, die die das Konzentrationslager überlebt hatten. Die Gespräche mit diesen Überlebenden habe ich als sehr emotional, gleichzeitig aber weniger rückwärtsgewandt als zukunftsorientiert erlebt. Ich stand vor Menschen in gestreiften Häftlingsanzügen mit der eintätowierten Häftlingsnummer auf dem Unterarm, die unbeschreibliches Leid erfahren, Familienangehörige verloren und schwere Traumata erlitten hatten. Ich war innerlich darauf vorbereitet, dass mir Verbitterung, Aggression, ja Hass entgegenschlagen würde. Nichts dergleichen! Ich stand Menschen gegenüber, die sich dem Gedanken der Versöhnung verschrieben hatten, deren Streben darauf ausgerichtet war, die Vergangenheit als Mahnung für die Zukunft zu verstehen und dafür öffentlich zu werben.

Zum ersten Mal in meinem Leben fühlte ich, was sich hinter dem Wort „Versöhnung" verbirgt. Zum ersten Mal verstand ich, dass Versöhnung nicht nur auf dem Papier, sondern auch im wahren Leben möglich ist. Deutlich wurde mir aber auch, dass Versöhnung fast Übermenschliches verlangt: Verzeihung und den Mut, dem ehemaligen Feind die Hand zu reichen und damit Bereitschaft zum friedlichen Zusammenleben zu signalisieren. Seit diesem Tag in Stutthoff habe ich großen Respekt vor allen Menschen, die zu dieser Art der Versöhnung und der Mahnung bereit und in der Lage sind. Heute wünsche ich mir, dass es mehr solcher Menschen gäbe, vielleicht sähe unsere Welt dann ein wenig friedlicher aus.

Die von der polnischen Regierung am 1. September 1999 organisierte Feier anlässlich des 60. Jahrestags des Ausbruchs des Zweiten Weltkriegs auf der Westerplatte in Danzig hingegen war auf andere Weise tief beeindruckend. Die polnische Regierung hatte das gesamte Diplomatische Korps in Polen zu dieser Veranstaltung eingeladen. Anwesend waren das komplette polnische Kabinett, der deutsche Bundespräsident sowie deutsche Regierungsmitglieder, zahlreiche Veteranen, Würdenträger, Vertreterinnen und Vertreter von Nichtregierungsorganisationen u.a.. Die Feierlichkeiten begannen morgens um 5.40 Uhr (!) unterhalb eines monströsen Denkmals aus der sowjetischen Zeit und erstreckten sich über den ganzen Tag. Was zunächst den Anschein hatte, als würde Deutschland bei dieser Gelegenheit „vorgeführt" werden, stellte sich sehr schnell als eine würdevolle Zeremonie heraus, der es gelang, den Bogen vom deutschen Überfall auf Polen zur Gegenwart zu schlagen und den Versöhnungsgedanken in den Mittelpunkt zu rücken. Auch an diesem Tag, im dichten Septembernebel vor den Toren Danzigs, hatte ich das Gefühl, dass sich mein bis dato theoretisches Geschichtswissen um einen wichtigen Aspekt erweiterte. Zum ersten Mal wurde die unermessliche Zahl der Opfer des Zweiten Weltkriegs für mich greifbar, konkreter auf jeden Fall als alle Zahlen und Daten, die ich zuvor gelernt hatte oder nachlesen konnte. Und auch diese Gedenkfeier werde ich immer in Erinnerung behalten als eine, die der Welt zeigen wollte: Versöhnung ist möglich!

Aber es gab auch zahlreiche unbeschwerte Begegnungen mit den Menschen in Polen – und manche Überraschung! Bekanntermaßen ist Polen ein streng katholisches Land. Dies stellte sich an einem heißen Sommertag als außerordentlich hilfreich heraus. In der Mittagspause wurde ein vor unserem Generalkonsulat geparkter schwarzer Mercedes-Kombi mit deutschem Kennzeichen gestohlen. Offenbar hatten die Diebe nicht ganz so genau hingesehen, denn sonst hätten sie bemerken müssen, dass sie in einem Leichenwagen davon gefahren waren – mit „Inhalt"! Das Fahrzeug gehörte einem deutschen Beerdigungsinstitut, dessen Bevollmächtigter ins Generalkonsulat gekommen war, um bei uns die nötigen Dokumente für die Überführung des in seinem Fahrzeug befindlichen Leichnams eines verstorbenen deutschen Staatsangehörigen zu besorgen. Als er wieder zu seinem Auto gehen wollte, musste er feststellen, dass dieses nicht mehr da war. Was tun? Eine polnische Kollegin hatte die geniale Idee: Wir starteten einen Radio-Aufruf, wiesen die Diebe (die uns hoffentlich zuhörten) auf die sensible Fracht in ihrem Laderaum hin und forderten sie zur Rückgabe des Autos auf. Wir hatten tatsächlich Erfolg – nach 30 Minuten erhielten wir einen Anruf mit dem Hinweis, dass das Fahrzeug beim Generalkonsulat um die Ecke abgestellt worden war.

Im Nachhinein bin ich meinem damaligen Personalplaner zwar nicht dankbar (schließlich wäre ich lieber in die USA gegangen), doch habe ich meinen Frieden mit der Entscheidung zugunsten Danzigs (in Polen) gemacht. Die zwei Jahre waren äußerst lehrreich und ich habe wesentlich mehr von dort mitgenommen als ich zuvor erwartet hatte. Darüber hinaus haben die zwei Jahre meine Auffassung bestätigt, dass es im Auswärtigen Dienst keine „guten" oder „schlechten" Posten gibt. Jeder Dienstort ist immer (nur) so gut, wie das, was ich persönlich daraus mache. Ein vermeintlicher Traumposten kann sich so als Flopp entpuppen, ein angeblicher Härteposten zum Geheimtipp werden.

„Können Sie mir das Wasser reichen?"

Diese Überzeugung habe ich in den auf Danzig folgenden vier Jahren versucht, als Credo an die in der Ausbildung befindlichen jungen Kolleginnen und Kollegen weiterzugeben – in meiner Funktion als Personalratsvorsitzender des Auswärtigen Amts. Im Mai 2000, kurz nach meiner Rückkehr nach Berlin, wurde ich in dieses Amt gewählt. Ich ahnte damals noch nicht, was für eine spannende, allerdings auch äußerst anstrengende Aufgabe auf mich wartete. Zunächst hatte ich allen Grund zur Freude, war es mir als Angehörigem des gehobenen Dienstes doch gelungen, die seit 1975 bestehende Vorherrschaft des höheren Dienstes an dieser Stelle aufzubrechen.

Ein großer Aufschrei ging durch das gesamte Auswärtige Amt. Vor allem die Leitung des Hauses zeigte sich alarmiert. Referatsleiter, Abteilungsleiter und auch Staatssekretäre fragten nicht nur hinter vorgehaltener Hand, wie das habe passieren können. Viele Kollegen im Leitungsbereich äußerten ernsthafte Zweifel an meiner Qualifikation. „Der schafft das nie, der bekommt doch gar nicht den Kontakt zum Minister." Der Druck zu dem Zeitpunkt als ich mein Mandat antrat, war enorm. Es gab für mich ja durchaus auch Einiges zu verlieren, allem voran den Ruf einer ganzen Laufbahn. Doch ich war wild entschlossen, dem Haus zu zeigen, dass es auch im gehobenen Dienst Kollegen gab, die dieser Herausforderung gewachsen sein würden. Was ich im Mai 2000 jedoch noch nicht ahnte, war, dass mit meiner Wahl eine Periode von zwölf Jahren begann, in der der gehobene Dienst ununterbrochen den Personalratsvorsitzenden stellen sollte. Irgendetwas musste ich also im Verlauf der folgenden vier Jahre richtig gemacht haben!

Personalratsvorsitzender im Auswärtigen Amt zu sein, war für mich Ehre und Herausforderung zugleich. Ich wurde oft gefragt, was besonders spannend und reizvoll an dieser Aufgabe sei. Die Antwort hierauf könnte sehr lang ausfallen, ich versuche jedoch, es so kurz wie möglich zu machen. Erstens: die Unabhängigkeit, die man in diesem Gremium genießt. Ich war Vorsitzender einer Personalvertretung, die aus insgesamt 21 Mitgliedern – Kolleginnen und Kollegen aus unterschiedlichen Gewerkschaften, Interessensverbänden usw. – bestand. Acht dieser 21 Mitglieder waren für die Personalratstätigkeit voll freigestellt und hatten keine anderen dienstlichen

Verpflichtungen. Man tritt praktisch aus der Hierarchie heraus und ist niemandem mehr unterstellt. Nicht einmal der Minister ist einem Personalratsmitglied gegenüber weisungsbefugt. Zweitens: Die Breite des Aufgabenspektrums. Es gibt kaum ein die Belegschaft unmittelbar berührendes Thema, bei dem der Personalrat kraft Gesetzes oder qua Auftrag seitens einzelner Beschäftigter nicht mitzuwirken hätte. Drittens: Die Perspektive, etwas für die gesamte Belegschaft tun zu können, zur Verbesserung der Situation der Angehörigen des Auswärtigen Dienstes beitragen zu können und so einen Beitrag zum Ganzen zu leisten.

Der Preis, den man dafür bezahlt, die Kehrseite der Medaille? Ein Kollege, der ungefähr nach der Hälfte der vierjährigen Amtszeit des Personalrats freiwillig ausschied, sagte bei seinem Abschied, er habe „in tiefe Abgründe geschaut und wisse heute mehr über das Auswärtige Amt und seine Belegschaft, als er jemals habe wissen wollen". Damit ist eine Erkenntnis gut auf den Punkt gebracht, die auch ich aus dieser Zeit mitgenommen habe: Man lernt seine Behörde im Verlauf der vier Jahre sehr gut kennen, in all ihren Schattierungen. Und mit der Behörde natürlich auch die in ihr arbeitenden Menschen. Seither weiß ich: Es gibt – auch im Auswärtigen Amt – nichts, was es nicht gibt! Auch bei uns wird an vielen Stellen „gemenschelt" – und mit Wasser gekocht!

Besonders spannend waren natürlich immer die Personalversammlungen, bei denen der Personalrat Gastgeber ist. An zwei dieser zweimal pro Jahr stattfindenden Versammlungen erinnere ich mich noch heute. Nie werde ich vergessen, wie nervös ich vor der ersten Versammlung war. Ein Auftritt vor rund 800 gespannten Kolleginnen und Kollegen, die neugierig darauf warteten, wie sich der neue Vorsitzende wohl präsentieren würde. Und ein Auftritt, vor dem ich großen Respekt hatte, weil mein Sparringspartner auf dem Podium Bundesminister Joschka Fischer war. Wer sich an Fischer erinnert, weiß, dass er ein ausgezeichneter Redner war. Meine große Sorge war also, von ihm rhetorisch in die Tasche gesteckt zu werden. Glücklicherweise stellte sich diese Sorge als unbegründet heraus. Viel besser noch: Ohne mich selbst loben zu wollen, kann ich sagen, dass es mir gelungen war, mit meiner „Jungfernrede" einige derjenigen Kolleginnen und Kollegen, die Zweifel an meiner Eignung für diesen Posten hatten, vom Gegenteil zu überzeugen.

Im Laufe der folgenden Monate hat sich der Personalrat ein vertrauensvolles Verhältnis zur Leitung des Auswärtigen Amts erarbeitet. Insbesondere zu einem unserer Staatssekretäre, der selbst einmal Personalratsvorsitzender gewesen war und diesem Gremium aufgeschlossen gegenüberstand, war das Verhältnis besonders gut. Dies drückte sich einmal besonders deutlich bei einer weiteren Personalversammlung aus, als er mich fragte, ob ich ihm einmal das (Mineral)Wasser reichen könnte. Ich antwortete ihm, dass ich das nicht wüsste, ich ihm als Staatssekretär aber schon lange mal einen habe einschenken wollen. Dies war nur eine von vielen humorvollen Begegnungen, die wir im Laufe der Jahre miteinander hatten.

So spannend und aufregend die vier Jahre meiner Mandatszeit waren, so intensiv waren sie auch. Die Aufgabe verlangt einem viel ab, vor allem die Bereitschaft, sich den Problemen der eigenen Kolleginnen/Kollegen anzunehmen und dabei gleichzeitig berechtigte Anliegen der Dienststelle, also des Auswärtigen Amts, angemessen zu berücksichtigen und zu würdigen. Mein Verständnis von verantwortungsvoller Amtsführung bedeutete, dass ich den Anspruch hatte, persönliche Interessen der Beschäftigten regelmäßig gegen das Allgemeinwohl abzuwägen. Nicht alle Mitarbeiterinnen/Mitarbeiter, die sich hilfesuchend an den Personalrat wandten, konnten diese Linie nachvollziehen. Die zweite große Herausforderung war, ein aus vielen Interessensgruppen und dementsprechend vielschichtigen Zielen und Meinungen bestehendes Gremium „zusammenzuhalten". Ein Personalrat ist gegenüber der Dienststelle immer nur so stark wie er in seinem Auftreten einig ist. Ich hatte es mir zum Ziel gesetzt, einen Personalrat zu vertreten, der gegenüber der Dienststelle nach Möglichkeit geschlossen auftrat und der nicht zu spalten war. Keine leichte Aufgabe, da der Vorsitzende eines Personalrats lediglich „primus inter pares" ohne Weisungsbefugnis gegenüber den anderen Personalratsmitgliedern ist. Zwangsläufig war ich also immer auf der Suche nach dem kleinsten gemeinsamen Nenner, den das Gremium geschlossen gegenüber dem Haus und der Belegschaft vertreten konnte. Die endete dann zwar gelegentlich in einer „Politik der kleinen Schritte" und manchmal dauerte es etwas länger, bis ein großes Ziel schrittweise erreicht war. Der Erfolg gab „meinem" Personalrat aber Recht: Selten galt die Personalvertretung im Auswärtigen Amt so unteilbar wie während meiner Mandatszeit. Allerdings raubte mir genau dieser Teil meiner „nach innen" gerichteten Tätigkeit auch die Hälfte meiner Energie und Kraft.

Dennoch: Mein Fazit dieser vier Jahre als Personalratsvorsitzender fällt uneingeschränkt positiv aus. Dieser Zeitraum gehört für mich zu den erfüllendsten Jahren meiner 40jährigen Amtszeit.

Aufstieg oder nicht?

Am Ende meiner Personalratszeit stand ich vor einer der schwierigsten Fragen meiner Karriere. Durch eine Änderung der rechtlichen Voraussetzungen und Aufhebung der vorher bestehenden Altersgrenze eröffnete sich mir die Möglichkeit, den Aufstieg vom gehobenen in den höheren Dienst zu versuchen. Ich habe lange Zeit mit mir gerungen, der schon früher ausgesprochenen Empfehlung einiger meiner Vorgesetzten zu folgen. Schließlich war ich gerne im gehobenen Dienst und hatte in dieser Laufbahn auch eine optimale Karriere gemacht. Vieles sprach dafür, Einiges dagegen. Die Kernfrage war, ob ich großer Fisch im kleinen Teich oder kleiner Fisch im großen Teich sein wollte. Im gehobenen Dienst wusste ich, was ich hatte und was ich konnte. Meine in fast 25 Dienstjahren gesammelte Erfahrung galt etwas, meine Meinung war gefragt. Dies würde bei einem Wechsel in die höhere Laufbahn anders werden. Ich würde wieder ein Stück weit von vorn beginnen, angefangen mit noch einmal ein Jahr lang Schulbank drücken in der Akademie des Auswärtigen Amts. Hatte ich wirklich Lust darauf, im zarten Alter von 43 noch einmal als „Anfänger" behandelt zu werden? Ich war mir alles andere als sicher. So dauerte es denn auch ein gutes Jahr, bis ich die Entscheidung zugunsten des Laufbahnwechsels getroffen hatte. Das in der Abwägung von Für und Wider Ausschlag gebende Argument war, dass ich während meiner Personalratszeit Fähigkeiten an mir entdeckt hatte, die vorher nicht gefragt waren und im gehobenen Dienst nur eine untergeordnete Rolle gespielt hatten. Darüber hinaus wurde mir irgendwann klar, dass ich zum fraglichen Zeitpunkt genau die Hälfte meiner Lebensarbeitszeit hinter mir und im gehobenen Dienst bereits das Endamt erreicht hatte, also keine weitere Beförderung möglich sein würde. Wollte ich wirklich die noch verbleibenden 25 Jahre in meiner bisherigen Laufbahn bleiben? Würde nicht eines Tages doch zu viel Routine entstehen? Würde ich es nicht später bereuen, nicht wenigstens den Versuch unternommen zu haben? Der Blick nach vorn gab mir dann schließlich den entscheidenden Ruck: Es war noch genügend Zeit, auch in der nächsthöheren Laufbahn „etwas zu werden".

Heute, 15 Jahre später, weiß ich, dass die Entscheidung die richtige war. Das war jedoch nicht immer so. Nachdem ich das Auswahlverfahren bestanden hatte, ging ich 2004 zunächst für ein Jahr nach Bonn zurück, um gemeinsam mit 39 anderen „Attachés", wie die Auszubildenden im höheren Dienst im Auswärtigen Amt genannt werden, noch einmal die Schulbank zu drücken. In der Ausbildungsstätte des Auswärtigen Amts in Bonn-Ippendorf hatte ich jede Menge déjà-vues. Irgendwie erinnerte mich die ganze Atmosphäre jeden Tag an meine Ausbildung im gehobenen Dienst Anfang der 1980er Jahre. Die Räumlichkeiten hatten sich nicht verändert, die Farbe der Vorhänge und Handtücher in den Zimmern war unverändert (braun-beige-orange gestreift), der Bau (Sichtbeton!) inzwischen einigermaßen heruntergekommen, die Kantine mäßig bis schlecht, nur dass das Personal dort unfreundlicher war als zwei Jahrzehnte zuvor. Einige Dozenten hatten trotz erreichter Altersgrenze den Absprung nicht geschafft und unterwiesen die Studentinnen und Studenten weiterhin in Fragen des Zivil- und Strafrechts oder auch in einigen Fremdsprachen. Mit meinen 43 Lenzen war ich der Lehrgangs-Opa in der 59. Attachécrew, von vielen „Kommilitonen" aufgrund meiner Berufserfahrung, von den Dozenten aufgrund meiner Personalratstätigkeit geschätzt und stets als Ratgeber in allen strategischen und praktischen Fragen des Lebens im Auswärtigen Dienst in Anspruch genommen. Dennoch war das Jahr der Ausbildung für mich eine willkommene Abwechslung zum Büroalltag. Ich habe die Zeit als eine Art Sabbatical empfunden und genossen. Dafür habe ich sogar in Kauf genommen, ein Jahr lang direkt an der Mauer der Firma „Haribo" zu wohnen – Gerüche aus der Gummibärchenküche inklusive. Immerhin hatte ich aber eine eigene Wohnung und musste nicht in der Anstalt am Rande des Kottenforst logieren. Am anstrengendsten waren die wöchentlichen Heimfahrten nach Berlin, wo meine Frau und die gemeinsame Wohnung, unsere Freunde und der eigentliche Lebensmittelpunkt waren. Die Wochenenden waren kurz und meist schon wieder vorbei, bevor sie richtig begonnen hatten. Dennoch, das Jahr in Bonn war ein schönes Jahr, das ich im Rückblick nicht missen möchte.

Die Frage der sogenannten Laufbahndurchlässigkeit ist ein Thema, das seit Jahrzehnten im Auswärtigen Amt immer wieder diskutiert wird und in der Umsetzung erheblichen Schwankungen unterliegt. Heute versteht sich das Auswärtige Amt als „aufstiegsfreundliches" Ministerium. Ohne zu sehr in die Details zu gehen: Hierzu kann man als Beschäftigter auch anderer Meinung sein. Im Vergleich zu heute gab es im Auswärtigen Dienst auch längere Phasen, in denen der interne Aufstieg stärker gefördert wurde. Schaut man sich laufbahnübergreifend die Zahlen an, kann man zu dem Ergebnis kommen, dass das Auswärtige Amt hinter seinen Möglichkeiten zurückbleibt bzw. Chancen vergibt. Die Gründe dafür sind vielfältig, wobei oft genug die persönliche Einstellung der für Personalfragen verantwortlichen Angehörigen der Amtsleitung die jeweilige Politik bestimmen.

Andererseits habe ich mir oft die Frage gestellt, ob es wirklich sinnvoll ist, dass möglichst viele leistungsstarke Angehörige einer Laufbahn in die nächsthöhere Laufbahn aufsteigen. Würde dies nicht zu einer Erosion einzelner Laufbahnen führen? Ich kenne sehr viele Kolleginnen und Kollegen, die in ihrer Laufbahn glücklich sind und den Aufstieg gar nicht anstreben. Sie sind Experten auf ihren jeweiligen Fachgebieten, wissen, was sie können und gehen ihrer Aufgabe gerne und mit großem Engagement nach. Und: Sie wissen die Vorteile ihrer Laufbahn zu schätzen, seien es z.B. die bessere Vereinbarkeit von Beruf und Familie, eine größere „work-life-balance" oder auch die größere Weisungsunabhängigkeit, die viele Tätigkeiten mit sich bringen (manchmal schon allein deswegen, weil die Vorgesetzten sich in der Materie weniger gut auskennen und weniger „mitreden" können).

„Tere päevast"

Oder „Guten Tag", wie man bei uns sagen würde. Dies ist der Gruß, der einem zum ersten Mal entgegen gebracht wird, wenn man in Estland ankommt. Nach Bestehen der Laufbahnprüfung des höheren Dienstes im Sommer 2005 wurde ich an die Botschaft Tallinn versetzt. Erstmals in der Zeit beim Auswärtigen Amt bekam ich vor der Ausreise Gelegenheit, an einem mehrwöchigen Intensiv-Sprachkurs teilzunehmen. Im Wege des Einzelunterrichts in Berlin und in Tallinn lernte ich also Estnisch. Ich habe dies als großes Privileg empfunden, da das Auswärtige Amt leider nicht über die nötige Personalreserve verfügt, die es allen Kolleginnen und Kollegen ermöglichen würde, in Vorbereitung auf den Auslandsposten die jeweilige Landessprache zu erlernen. Ausnahmen bilden die Sprachen Russisch, Chinesisch und Arabisch, für die es im höheren Dienst sogar einjährige Vorbereitungskurse gibt.

Das Thema Sprachvorbereitung im Auswärtigen Dienst ist ungefähr so alt wie das Auswärtige Amt selbst. In allen Laufbahnen waren und sind gute Englischkenntnisse Einstellungsvoraussetzung. Bei meinem Auswahlverfahren zum gehobenen Dienst 1980 mussten die Bewerberinnen und Bewerber darüber hinaus im Auswahlverfahren Französischkenntnisse nachweisen. Dies galt lange Jahre auch im höheren Dienst, bis Französisch dann später durch eine andere VN-Sprache ersetzt werden durfte. Die Laufbahnprüfungen hingegen mussten und müssen noch heute in den klassischen Sprachen der Diplomatie – Englisch und Französisch – abgelegt werden.

Böse Zungen behaupten, dass die Kenntnis weiterer Sprachen über Jahrzehnte hinweg die Garantie dafür war, dass man nicht in den entsprechenden Sprachraum versetzt wurde. Ob dies so stimmt, mag dahingestellt sein (obwohl ich viele Beispiele von Kolleginnen und Kollegen kenne, die als Beleg für eine solche Politik stehen könnten). Fakt ist aber, dass sich die Haltung des Auswärtigen Amts bezüglich des Erlernens zusätzlicher Fremdsprachen im Laufe der Zeit grundsätzlich verändert hat. Heute ist es als selbstverständlich anerkannt, dass der Erwerb der Landessprache an meinem Dienstort auf jeden Fall sinnvoll ist. Die Haushaltsmittel für Sprachvorbereitung wurden deutlich aufgestockt, kurze Intensivkurse und dienstbegleitender Unterricht werden aktiv gefördert. Auch für mitausreisende Partnerinnen und Partner stehen Gelder zur Verfügung, wenn auch in geringerem Umfang als bei den Beschäftigten selbst. Auf diese Weise bin ich in den Genuss gekommen, Polnisch, Estnisch, Spanisch und seit 2018 auch Kroatisch zu lernen.

Der Effekt war und ist immer wieder überwältigend. Sprachkenntnisse helfen nicht nur dabei, einen Kaffee oder das Bier zu bestellen. Sie erweitern den eigenen Horizont, öffnen Türen und die Herzen der Menschen, mit denen man im Ausland zu tun hat, und helfen, die Kultur des jeweiligen Landes besser zu verstehen.

Auch meine estnischen Ansprechpartner freuten sich riesig, als sie erfuhren, dass ich ihre Sprache lernte. Obwohl wir sowohl im Dienst wie im Alltag prima mit Englisch oder Deutsch (viele Estinnen und Esten hatten in der ehemaligen DDR Germanistik studiert) zurechtkamen, hatte ich den Ehrgeiz, auch diese schwierige Sprache, aus der finno-ugrischen Sprachgruppe kommend und mit keiner der Sprachen verwandt, die ich vorher gelernt hatte, irgendwann zu sprechen. Nach ungefähr einem Jahr war ich tatsächlich so weit, dass ich Zeitung lesen und auch einfache Gespräche führen konnte. Darüber, dass ich nicht alle der 14 Fälle dieser Sprache perfekt beherrschte, haben meine estnischen Gegenüber dankenswerter Weise oft hinweggesehen.

Estland mögen, heißt u.a. auch, mit der dunklen Jahreszeit klarzukommen - der Winter ist extrem lang und meist auch richtig kalt. Im zweiten Jahr unseres Aufenthalts taute z.B. das Eis in der Tallinner Bucht erst Anfang Mai auf. Einige Wochen zuvor war unsere Fähre nach Helsinki unterwegs im Eis steckengeblieben. Der Kapitän hatte versehentlich das freie Fahrwasser verlassen und musste sich dann wieder aus der dicken Eisdecke in den finnischen Schären herauswühlen. In vielen Wintern reicht die Kälte sogar aus, um zwischen Festland und Inseln sogenannte „Eisstraßen" einzurichten. Man kann dann allen Ernstes mit dem Auto über das gefrorene Wasser fahren, ein Abenteuer, das uns leider verwehrt blieb - was vielleicht auch gut war, denn eines Tages erzählte man uns die Geschichte, dass in Finnland ein Eisbrecher eine gerade erst frisch angelegte Eisstraße versehentlich durchbrochen und so die Inselbewohner vorübergehend vom Festland abgeschnitten hatte.

Wenn man im Winter nicht in Depression verfallen war, boten die soge-nannten „weißen Nächte" – die Wochen im Sommer, in denen es praktisch nicht dunkel wird – einen mehr als verdienten Ausgleich. Wir hatten in bei-den Jahren großes Glück und konnten die Mittsommernacht mit Kolleginnen und Kollegen am Ostseestrand verbringen – einmalige Erlebnisse bei Lagerfeuer und Grill.

Welche Erinnerungen über lange, dunkle Winter und weiße Nächte im Sommer hinaus habe ich aus Estland und Tallinn mitgenommen? Zunächst einmal, dass dieses kleine Land mit einer Fläche so groß wie Niedersachsen und einer Einwohnerzahl, die mit 1,3 Millionen Menschen ein Drittel der Bevölkerung Berlins ausmachte, unheimlich fortschrittlich und effizient war. Mit dem Zusammenbruch der Sowjetunion, spätestens aber mit dem EU-Beitritt im Jahr 2004 hatte Estland einen radikalen Schnitt vollzogen und sich mit einer großen, alle gesellschaftlichen Bereiche berührenden Reform von den letzten Resten des Sozialismus sowjetischer Prägung losgesagt. Die Verwaltung wurde auf revolutionäre Weise modernisiert: Kurz nach mei-nem Eintreffen in Tallinn lernte ich, dass man in Estland auch im diploma-tischen Schriftverkehr mit dem estnischen Außenministerium keine Briefe oder Verbalnoten mehr schrieb, sondern nur noch per E-Mail kommuni-zierte. Die Kollegin, in der Botschaft, die ich darum bat, einen Brief für mich aufzusetzen, wollte zuerst gar nicht glauben, dass ich tatsächlich von einem Blatt Papier mit offiziellem Briefkopf sprach!

Schnell wurde das kleine Land zum IT-Hub (u.a. wurde dort Skype erfun-den) und zum Paradebeispiel einer gut funktionierenden digitalisierten Verwaltung, eines papierlos arbeitenden Parlaments und anderer Dinge, die ganz Europa als „best practise" gedient haben bzw. hätten dienen kön-nen. Gut, mit dem Datenschutz nahm man es damals noch nicht so genau. Zudem war Vieles nur machbar aufgrund der überschaubaren Größe des Landes und seiner geringen Einwohnerzahl. Schwer taten sich die Esten u.a. mit der Gewährung und dem Schutz der im EU-Regelwerk verankerten Minderheitenrechte – in diesem Fall der mit einem Bevölkerungsanteil von rund 30% beachtlichen russischen Minderheit im Land. Es dauerte lange, bis das moderne Estland bereit war, den von der UdSSR bestimmten Teil seiner Vergangenheit und die Rolle der Russen im Land, von denen die Esten jahrzehntelang unterdrückt worden waren, als Teil der eigenen Geschichte zu akzeptieren und konstruktiv damit umzugehen.

Kurz zurück zu Finnland. Wir wohnten in Tallinn zentral am Rande der schönen Altstadt und waren darauf vorbereitet, dass zumindest in den Sommermonaten durchaus viele Touristen an unserem Haus vorbeilaufen würden. Bei Anmietung nicht bedacht hatten wir allerdings, dass die Wohnung in nur einigen Hundert Metern Entfernung zum Fährhafen lag. Dort kamen jeden Tag 10-12 Fährschiffe aus Finnland und Schweden an - und mit ihnen Hunderte von Passgieren, die auf Einkaufstour nach Tallinn kamen. Meine Frau und ich hatten nie zuvor so viele Menschen mit leeren „Hackenporsche" (Einkaufstaschen auf Rädern) gesehen, die in die Stadt strömten, um Stunden später voll beladen mit Alkoholika der verschiedensten Art (und teils auch volltrunken) wieder an Bord ihrer Fähre die Heimreise anzutreten! Ein echtes Schauspiel, das allerdings kaum verwunderte, wenn man wusste, dass Alkohol in Tallinn zwischen 20 und 25% preiswerter war als in Helsinki oder Stockholm. Dieser Alkoholtourismus war eines Tages der estnischen Tageszeitung die Meldung (mit Foto auf der Titelseite) wert: „Estnische Wirtschaft wächst gemeinsam mit der finnischen!". Abgebildet war eben einer jener Menschenströme auf dem Weg von der Stadt zum Fährhafen.

Am lebendigsten jedoch ist meine Erinnerung an das ausgesprochen zurückhaltende Wesen der Esten. Sie gaben sich meist sehr reserviert und verschlossen und man kam nur sehr schwer mit ihnen ins Gespräch. Anfänglich dachten wir, sie würden sich nur Ausländern gegenüber so zugeknöpft geben. Später fanden wir aber heraus, dass Esten auch untereinander nicht sehr kommunikativ waren. Unzählige Male haben wir erlebt, dass manche unserer privaten estnischen Gäste den ganzen Abend über schweigend am Tisch saßen, um sich dann am nächsten Morgen fast schon überschwänglich für den unterhaltsamen und schönen Abend zu bedanken. Bis zum Ende unserer nur zwei Jahre dauernden Standzeit in Tallinn hatten wir mit diesem Phänomen zu kämpfen. Ich erinnere mich noch sehr gut an das Abschiedsessen, dass der Botschafter für meine Frau und mich bei unserem Weggang 2007 gegeben hat. Wir hatten auch einige estnische Freunde (bzw. gute Bekannte) eingeladen. Bei meiner kurzen Abschiedsrede sagte ich, dass ich nie verstehen würde, warum es für Esten ein Stück Lebensqualität darstellt, ein Wochenendhäuschen einsam im Wald zu haben und vom nächsten Nachbarn bestenfalls den Rauch aus dem Kamin zu sehen. Diese Feststellung führte zu allgemeiner Erheiterung, blieb aber unwidersprochen!

Gleichwohl trübt dies unsere Erinnerung an das kleine sympathische Land in keiner Weise. Wir denken immer noch gerne an die zwei Jahre zurück, auch wenn ein wichtiger Teil dieser Erinnerung der „winter of hell" (2005/2006) ist, von meiner Frau so genannt, weil sie gefühlt mehr Zeit im Flugzeug nach Berlin auf dem Weg zu ihren beruflichen Einsätzen verbracht hat als in Tallin selbst. Der Preis, den sie in besagtem Winter gezahlt hat, war hoch, wurde aber immer wieder durch beruflichen Erfolg und ausgesprochen positives Feedback seitens ihrer Auftraggeber und Kunden kompensiert. Last but not least hätten wir uns auch nicht beklagen dürfen, waren wir doch mit Blick auf eben diese Berufstätigkeit meiner Frau nicht auf einen anderen Kontinent gezogen, sondern hatten uns – wie auch in den folgenden Jahren - für einen europäischen Standort entschieden.

„If you don´t like our weather just wait 20 minutes!"

Irland, unser auf einen weiteren vierjährigen Einsatz in der Berliner Zentrale folgender Auslandsposten, ist berühmt berüchtigt für die Kapriolen, die das Wetter dort häufig schlägt. Zugegeben: Ich hatte die Erwartung, dass sich dies in der Realität ganz anders darstellt. Leider wurden meine Hoffnungen enttäuscht. Inklusive Schnee haben wir in den dreieinhalb Jahren unseres Aufenthalts auf der grünen Insel so ziemlich alles erlebt, was der Golfstrom an Wetter mit sich bringt – vor allem viel Wind! Schnell habe ich die lustigen, aber voller Wahrheit steckenden Sprüche der Iren verinnerlicht, die über das Drama hinwegtrösten sollten: Sätze wie „Difference between summer and winter? In summer rain is warmer!" oder „If you don´t like our weather just wait 20 minutes." halfen dabei, die klimatischen Bedingungen mit Humor zu nehmen und als unabänderlichen Bestandteil des Lebens in Irland zu akzeptieren. Spätestens seit unserem ersten Ausflug ans Meer (Sonnenbrand trotz anfänglicher Regenschauer) wussten wir, dass es immer ratsam war, das Haus mit Regenmantel und Sonnencreme im Gepäck zu verlassen. Drei Jahreszeiten an einem Tag waren keine Seltenheit. Und doch lernten wir tatsächlich, damit umzugehen. In der Rückschau betrachtet kann ich nicht behaupten, dass das Wetter in unserer Zeit in Dublin außergewöhnlich schlecht gewesen sei. Es ist eben alles relativ!

Die dreieinhalb Jahre, die meine Frau und ich auf der grünen Insel verbringen durften, gehören zum Besten, was wir in vier Jahrzehnten Auswärtiger Dienst erlebt haben. Zweimal hatte ich in den vielen Jahren beim Abschied Tränen in den Augen: bei unserem Weggang aus Burkina Faso und bei der Abreise von Dublin.

Irland ist eine faszinierende Insel mit einer beeindruckenden Natur, atemberaubenden Landschaften, einer leidvollen, von mehr als 700 Jahren dauernder Unterdrückung, Hungersnöten und Auswandererwellen bestimmten Geschichte, die die heutige Gesellschaft in einem Maße prägt, wie ich es nur von wenigen anderen Ländern kenne. Diese Geschichte hat ganz besondere Menschen hervorgebracht. Irland wäre nur halb so schön ohne die Iren! Wir hatten das Glück, auf allen unseren Auslandsposten große Gastfreundschaft erfahren zu haben. Die Iren allerdings stellten alles in den

Schatten, was wir zuvor erlebt hatten. Sie hießen uns nicht nur mit offenen Armen willkommen, sondern gaben uns das Gefühl, schon lange auf uns gewartet zu haben. Ganz getreu dem Motto „Gut, das Ihr endlich da seid. Wo wart Ihr so lange?". Es gibt im Irischen einen Satz, den wir bei mehrfachen Gelegenheiten gehört und den wir seither verinnerlicht haben: „Ein Fremder ist ein Freund, dem wir nur noch nicht begegnet sind".

Irland verändert den Menschen! Nein, die Rede ist nicht davon, dass ich in Irland langsam zum großen Freund und Genießer irischen Whiskeys geworden bin (den ich, genau wie andere Whiskey-Sorten früher nur zum Spülen bei Zahnschmerzen zu mir genommen habe). Auch darüber, dass Guiness – das berühmte, außerhalb von Irland meist nach Lakritz schmeckende Schankbier – im Dubliner Pub plötzlich einen tollen Geschmack und damit Suchtpotenzial entwickelt, will ich mich an dieser Stelle nicht weiter auslassen. Die größte Veränderung, die ich an mir selbst spürte, war, dass ich nach einer Weile begann, das Leben und mich selbst etwas weniger ernst zu nehmen. Die Iren haben eine tolle, schwer zu beschreibende Art, das Leben etwas lockerer zu nehmen, ohne dem Schlendrian das Feld zu überlassen. Sie nehmen die Dinge ernst, bewahren sich dabei aber auch eine gewisse Distanz, die hilft, diesen Dingen den richtigen Stellenwert im Leben beizumessen. Eine ganz entscheidende Rolle spielt dabei der feine irische Humor, den ich im Laufe der dreieinhalb Jahre, die ich auf der Insel verbringen durfte, schätzen und lieben gelernt habe.

Einen ersten Vorgeschmack davon bekam ich kurz nach meinem Dienstantritt im Frühjahr 2011. Zu dieser Zeit befand sich Irland infolge einer geplatzten Immobilienblase gerade unter dem Euro-Rettungsschirm. Deutschland mit seiner Austeritätspolitik wurde dafür verantwortlich gemacht, dass viele Iren Jobs, Geld und vor allem ihre Häuser verloren hatten. Darüber hinaus bestand in Irland das weit verbreitete Gefühl, dass der deutsche Finanzminister den irischen Staatshaushalt diktierte. In meiner Eigenschaft als Presse- und Kulturreferent der Botschaft ging ich wenige Wochen nach Dienstantritt zum üblichen Antrittsbesuch beim öffentlich-rechtlichen Radio/TV-Sender RTE. Im dortigen Redaktionszentrum wurde ich herzlich mit den Worten „Kollegen, erhebt Euch, hier kommt unser Eigentümer!" begrüßt. Ich zuckte kurz zusammen und entgegnete, das sei doch zu viel der Ehre, was wiederum mit Gelächter und Applaus quittiert wurde.

Ich habe tatsächlich gelernt, dass ein Lächeln im Gesicht und eine humorvolle Bemerkung ganz wesentlich dazu beitragen können, angespannte Situationen schnell zu entschärfen. Auch hilft Humor dabei, viele kleine Alltagsszenen, über die man sich gerne aufregt, mit mehr Gelassenheit zu betrachten. Ein gutes Beispiel dafür ist folgende Situation: Ich habe in Irland viele Reisen, darunter auch zahlreiche Dienstreisen mit Dienstwagen und Botschaftsfahrer gemacht. Abgesehen davon, dass ich von meinem Kollegen unterwegs viel über das Land gelernt habe, hatten wir auf unseren gemeinsamen Fahrten regelmäßig großen Spaß. So war er beim Fahren immer die Ruhe selbst. Auffälliges Verhalten anderer Verkehrsteilnehmer z.B. quittierte er regelmäßig mit den Worten: „Don´t blame him, blame the one who gave him the driving license!". Dies ist nur ein kleines Beispiel für unzählige Situationen, in denen es gar nicht erst zu Aufregung kam, weil sie durch eine kleine Bemerkung schnell entschärft werden konnten. Im Rückblick kann ich – mit großer Dankbarkeit – sagen, dass ich in meinem Leben nie so viel gelacht habe wie in Irland. Ich hoffe und glaube, dass ich von der Eigenschaft der Iren, das Leben auch mal von der humorvollen Seite zu betrachten, ein kleines Stück mitgenommen und mir erhalten habe.

Ähnlich stark wie der irische Humor ist mir die fast schon legendäre Hilfsbereitschaft der Iren in Erinnerung. Mag es auch in vielen anderen Ländern üblich sein, dass man beim suchenden Blick auf den Stadtplan von Menschen angesprochen wird, die ihre Hilfe anbieten, überstieg die Hilfsbereitschaft der Iren gelegentlich alle Erwartungen. So passierte es z.B. meiner Frau, die regelmäßig mit dem Bus in die Stadt fuhr, dass eines Tages ihre aufladbare Busfahrkarte leer war. Der Busfahrer bat sie dennoch, einzusteigen, nur um sie am nächsten Geschäft, in dem sie die Karte aufladen konnte, wieder abzusetzen. Meine Frau lud ihre Karte auf und verließ den Laden – um festzustellen, dass der Bus auf sie gewartet hatte. Ist es angesichts so viel Hilfsbereitschaft ein Wunder, dass sich Passagiere beim Aussteigen beim Busfahrer bedanken? Jedes Mal, wenn ich an dieses Erlebnis denke, versuche ich krampfhaft, mir diese Szene in Berlin vorzustellen - es will mir einfach nicht gelingen!

Beeindruckend war für uns auch die außergewöhnliche Spendenbereitschaft der Iren. Während unserer Zeit in Dublin waren die Iren weltweit führend, wenn es darum ging, Geld für Bedürftige zu spenden. Regelmäßig fanden in ganz Irland Spendenaktionen zugunsten kranker und sozial bedürftiger Menschen statt, bei denen erhebliche Summen Geld zusammenkamen. Auch bei Krisen außerhalb Irlands – Erdbeben, Dürrekatastrophen usw. – kannte die Spendenbereitschaft der Iren kaum Grenzen. Freunde, die ich nach den Ursachen für diese Form der Mitmenschlichkeit fragte, begründeten dies mit dem Leid, das die irische Bevölkerung während der sieben Jahrhunderte langen Unterdrückung durch England erlebt hatte. Diese Zeit ist zwar längst vorbei (die große Hungerskatastrophe, auf die in der jüngeren irischen Geschichte immer wieder Bezug genommen wird, fand Mitte der 19. Jahrhunderts statt), doch die Erinnerung daran wird von Generation zu Generation weitergegeben.

Wie besonders Irland und seine Menschen für uns waren bzw. sind, zeigt sich für meine Frau und mich auch darin, dass wir aus keinem der Länder, in denen wir gelebt haben, so viele nichtdeutsche Freunde mitgenommen und über die Zeit behalten haben wie aus Irland. Noch heute haben wir zu einigen ganz besonderen Menschen Kontakt, die uns während unserer Dubliner Zeit ans Herz gewachsen sind. Und Dublin bzw. die „grüne Insel" wird möglicherweise der einzige Ort sein, bei dem wir von unserem bisher gelebten Prinzip, nach unserem Abschied nicht wieder an einen ehemaligen Dienstort zurückzukehren (um ihn so in Erinnerung zu behalten, wie wir ihn erlebt hatten), abweichen werden.

Kollegen, Bekannte, Freunde

Dublin war in puncto zwischenmenschliche Begegnungen einmalig, ja herausragend. Gut, wir hatten das Glück, schon kurz nach unserer Ankunft über die Alumni der Alexander von Humboldt-Stiftung ebenso interessante wie intelligente, aufgeschlossene und am Weltgeschehen interessierte Menschen kennenzulernen, mit denen wir auf einer Wellenlänge schwammen. Dennoch haben wir dieses verhältnismäßig tiefe Eintauchen in eine andere Kultur als Ausnahmesituation erlebt. Weder auf unseren afrikanischen Posten noch in Polen oder Estland ist es uns gelungen, während der Standzeit so intensive Kontakte zu Einheimischen aufzubauen, dass daraus Freundschaften erwachsen wären. Die Gründe dafür sind vielfältig. Ein (mit)entscheidender Faktor ist sicher unser Status als „Diplomat", der uns einerseits zahlreiche Privilegien, vor allem aber diplomatischen Schutz bei der Wahrnehmung unserer Aufgaben im Ausland beschert. Andererseits schreckt dieser Status auch viele Menschen ab, aktiv Kontakt zu uns zu suchen. Schließlich sind wir immer nur vorübergehend im Land, haben den dienstlichen Auftrag, das Gastland zu beobachten, über die politische, wirtschaftliche und soziale Entwicklung nach Berlin zu berichten und nach Möglichkeit eine kritische Distanz gegenüber Land und Leuten zu wahren. Dieser Status schafft gelegentlich eine Hemmschwelle, die zu übertreten vielen Menschen schwerfällt.

Im Auswärtigen Dienst lernt man über die Jahre hinweg unzählige Menschen kennen: Kolleginnen und Kollegen aus dem Auswärtigen Amt oder von Auslandsvertretungen anderer Länder. Man teilt gemeinsame Jahre am Auslandsdienstort, geht wieder auseinander und schätzt sich glücklich, wenn danach noch ein loser Kontakt bleibt, den man per Brief, E-Mail, Skype oder WhatsApp für eine gewisse Zeit aufrecht erhalten kann. Im Gastland schließt man Bekanntschaften, die intensiv sein können, solange man vor Ort ist, danach aber dem Prinzip „Aus den Augen, aus dem Sinn" folgen und oft genug schnell zerbrechen. Wir haben sowohl im Inland wie auf unseren Auslandsstationen unzählige Menschen kennengelernt, mit denen wir gerne mehr Zeit verbracht oder auch nach unserer Abreise in Kontakt geblieben wären. Unserer Erfahrung nach funktioniert dies aber nur unter der Voraussetzung, dass man gelegentlich auch Zeit miteinander verbringt, gemeinsame Erinnerungen schafft und sich nicht nur auf elektronischem Weg bzw. über die sozialen Medien (die mit den vielen „Freunden") begegnet.

Als noch schwieriger habe ich das Thema „Freundschaften schließen" empfunden. Dazu muss gesagt sein, dass ich den Begriff „Freundschaft" sehr eng auslege. Nicht jeden lieb gewonnen und hoch geschätzten Kollegen, nicht jede gute Bekannte zähle ich zu meinen Freunden. Freundschaft ist für mich ein hohes Gut, das behütet und vor allen Dingen gepflegt sein will. Und genau hierin besteht eine der größten Herausforderungen des Lebens im Auswärtigen Dienst: Freundschaften zu schließen (hierfür braucht man i.d.R. ausreichend Zeit) und diese dann auch über lange Jahre und z.T. große Entfernungen aufrecht zu erhalten. Dies gelingt, funktioniert aber meist nur dort, wo die Pflege dieser Beziehung keine Einbahnstraße ist. Ich musste erleben, dass einige Freundschaften wegen meines Berufs (vor allem der mit der Rotation verbundenen relativ kurzen Standzeit) gar nicht erst zustande kamen, andere an der zu großen räumlichen Distanz oder zu unterschiedlichen Lebensumständen zerbrochen sind. Dennoch schätzen meine Frau und ich uns glücklich und sind dankbar, einen Freundeskreis zu haben, der die Anforderungen meines Dienstes kennt und es versteht, positiv damit umzugehen. Ungeachtet dessen heißt Leben im Auswärtigen Dienst, dass man auch mit der Anforderung umgehen muss, immer wieder neue soziale Kontakte aufzubauen, alle drei Jahre von vorn zu beginnen in dem Bewusstsein, dass die neuen Kontakte möglicherweise nur von kurzer Dauer sind. Dies muss man wollen, mindestens aber als Teil der „job description" akzeptieren.

Arbeiten, wo andere Urlaub machen – Zagreb

Im Fall von Kroatien, meiner gegenwärtigen Auslandsstation, stimmt dies sogar: 20 Millionen Touristen, davon ca. 3 Millionen Reisende allein aus Deutschland, verbringen jedes Jahr ihren Urlaub in diesem Land, 90% von ihnen an der kroatischen Adriaküste. Mit Zagreb ging für mich ein kleiner Traum in Erfüllung. Ich kannte das Land von mehreren Segeltörns durch die wunderschöne kroatische Inselwelt, die ich zwischen 2009 und 2016 unternommen hatte. Die während dieser Reisen gesammelten Eindrücke machten Lust darauf, auch das Festland, d.h. den Rest Kroatiens und die gesamte Region Südosteuropa kennen zu lernen. Die Freude war groß als ich Anfang 2018 erfuhr, dass meine Bewerbung erfolgreich war und ich auf einen der begehrtesten Auslandsposten im Auswärtigen Dienst kommen würde. Seit Mitte Juli 2018 sind meine Frau und ich nun hier und haben unsere Wahl bisher nicht bereut.

Unser erstes Wochenende in der neuen Wahlheimat wird uns noch lange in Erinnerung bleiben, war es doch das Wochenende, an dem Kroatien das Endspiel der Fußball-WM 2018 gegen Frankreich bestritt und nach hervorragendem Spiel nur knapp unterlag. Wir haben diesen Moment zusammen mit vielen Kroatinnen und Kroaten in einer Bar am Rande des Sees, an dem wir wohnen, miterleben dürfen – Gänsehautfeeling!

Unsere Erwartungen in Bezug auf Land und Leute haben sich weitgehend erfüllt. Als größte Herausforderung erweist sich einmal mehr die Sprache. Kroatisch ist wahrlich nicht einfach zu lernen, weswegen die meisten Ausländerinnen/Ausländer den Versuch, dieser Sprache mächtig zu werden, schnell wieder aufgeben. Man kommt hier gut mit Englisch oder Deutsch zurecht, insbesondere in den Touristenhochburgen an der Adria.

Auch wenn es für ein abschließendes Urteil natürlich noch viel zu früh ist: Die Menschen hier sind freundlich, aufgeschlossen und hilfsbereit. Das Leben zwischen der Küste und Zagreb hat etwas Mediterranes und spielt sich gefühlte 10 Monate im Jahr draußen ab. Nie zuvor habe ich in einem Land gelebt, in dem es so viele Straßencafés gibt, die fast den ganzen Tag voll besetzt sind. So ist denn auch „Idemo na kavu! Gehen wir auf einen Kaffee!" einer der wichtigsten Sätze, die man im Sprachunterricht lernt, steht er doch für mehr als Kaffeetrinken – nämlich Zeit mit guten Bekannten, Freunden und Familie zu verbringen.

Mediterran ist auch der Lebensrhythmus der Kroaten. Im Grunde gibt es hier nur zwei Jahreszeiten: die fast dreimonatige Ferienzeit von Mitte Juni bis Mitte September und den Rest des Jahres. Man denkt und lebt in den Kategorien Urlaub und Nicht-Urlaub – mit allen Vor- und Nachteilen, die diese seit Jahrzehnten bestehende Praxis zu bieten hat. Während der Sommermonate und der Schulferien am stärksten gefordert sind Eltern. Diese müssen sich Jahr für Jahr erneut die Frage stellen: "Wohin und was tun mit den Kindern"? Glücklicherweise gibt es ja die Großeltern, die einspringen und ohne die diese Art des Lebens nicht zu organisieren wäre. Besser gesagt: Ohne die die kroatische Gesellschaft nicht funktionieren würde. Diese basiert auch heute noch sehr stark auf dem familiären Zusammenhalt. Man verbringt viel (Frei-)Zeit mit seiner Familie und hilft einander aus, wo immer Not am Mann/an der Frau ist.

Generell zeichnet sich die kroatische Gesellschaft dadurch aus, dass sie stark beziehungsorientiert ist. Die überschaubare Größe bzw. Fläche bedingt, dass jeder jeden kennt. Wer die richtigen Leute kennt, kommt oftmals sehr weit, wer keine Kontakte hat (aber darauf angewiesen ist, wie z.B. Geschäftsleute), zieht oft den Kürzeren. Entsprechend schwer ist es, als Ausländer in die kroatische Gesellschaft hinein zu kommen. An dieser Stelle wird ein weiteres Phänomen deutlich, das uns regelmäßig vor Herausforderungen stellt und mit dem „wir Diplomaten" umgehen müssen: Unsere besondere Stellung und der Sonderstatus im Vergleich zu anderen Ausländern im Land (wie z.B. Vertretern der Wirtschaft) erschweren in bestimmten Regionen der Erde den Zugang zu den Gesellschaften unserer jeweiligen Gastländer – teils aus Misstrauen uns Diplomaten gegenüber, teils aus Unkenntnis über unseren Auftrag und unsere Arbeit, teils aufgrund des Umstands, dass man um unsere kurze Verweildauer im jeweiligen Land weiß und sich nicht die Mühe machen will, einen über das Geschäftliche hinausgehenden, persönlichen Kontakt aufzubauen.

Nachbetrachtung

Dem aufmerksamen Leser bzw. der aufmerksamen Leserin wird nicht entgangen sein, dass ich in diesem Buch weitgehend darauf verzichtet habe, aus meinem Büroalltag zu berichten. Dies ist bewusst geschehen. Wie bereits im Vorwort erwähnt, geht es mir bei meinen Aufzeichnungen darum, einen Eindruck von einem Leben jenseits der üblichen deutschen Normen zu vermitteln. Was das Büroleben betrifft, unterscheidet sich das Auswärtige Amt an vielen Stellen nicht von anderen Behörden. Der Alltag ist oftmals gekennzeichnet von kleinteiligen Verwaltungsvorschriften, einer ungeheuren Menge an Selbstverwaltung, unzähligen Formularen (erinnert sei an den Grundsatz „Von der Wiege bis zur Bahre – Formulare, Formulare!"), einer bisweilen starren Hierarchie, regelmäßigen Personaleinsparungen, Haushaltskürzungen, begrenzten Karriereaussichten und Vielem mehr. Die Liste ließe sich beliebig verlängern, dies ist aber, wie gesagt, nicht mein Anliegen. Sosehr das Auswärtige Amt viele Parallelen zu anderen Bereichen der klassischen öffentlichen Verwaltung aufweist, sosehr unterscheidet sich das Leben in und mit dem Auswärtigen Amt von eben diesen. Ich hoffe, dass es mir gelungen ist, wesentliche Unterschiede in verständlicher Weise aufzuzeigen und einen kleinen Eindruck von einer atypischen, außergewöhnlichen Lebensform zu vermitteln.

Unbewusst habe ich mich 1980 für einen Beruf entschieden, der viel zu bieten hat, der für den Einzelnen/die Einzelne aber auch herausfordernd sein kann. Ich habe das große Glück, im Laufe meiner Karriere mehr Höhen als Tiefen durchlebt zu haben. Und dennoch: Das Nomadenleben war nicht immer einfach und ich empfinde es mit zunehmendem Lebensalter als anstrengender. Nicht jede Entscheidung des Dienstherrn war nachvollziehbar, nicht jede Tätigkeit hat nur Spaß gemacht. Aber: Die Vorteile eines Lebens im Auswärtigen Dienst überwiegen bei Weitem die Nachteile.

Nach vier Jahrzehnten im diplomatischen Dienst habe ich allen Grund, ein positives Fazit zu ziehen. Ich empfinde es immer noch als Geschenk, die „Welt als Arbeitsplatz" - so der Werbespruch des Auswärtigen Amts - zu haben.

Ich werde oft gefragt, wo mein Zuhause, meine Heimat ist. Meine Antwort auf diese Frage lautet regelmäßig: Zuhause ist dort, wo meine Ehefrau und meine Möbel sind (nämlich am jeweiligen Dienstort), meine Heimat ist Deutschland bzw. dort, wo meine Freunde sind. Freunde sind ein enorm wichtiger Faktor in unserem Leben. Viele dieser uns nahestehenden Menschen (und ich meine an dieser Stelle nicht nur, aber vor allem diejenigen außerhalb des Auswärtigen Dienstes) haben mich/uns über fast 40 Jahre auf unserer „Weltreise" begleitet. Sie haben uns an den meisten Dienstorten besucht und sich die Mühe gemacht, unser Leben zu verstehen und nachzuvollziehen. Gleichzeitig waren und sind sie für uns wichtige Anlaufstationen in Deutschland - Fixpunkte gewissermaßen, die wir bei all unserer Rastlosigkeit benötigen, um die Bodenhaftung nicht zu verlieren. Die uns daran erinnern, dass es auch ein „normales" Leben außerhalb von Rotation, fremden Ländern, anderen Kulturen usw. gibt. Ich halte diese Fixpunkte für unverzichtbar und möchte deshalb an dieser Stelle all meinen/unseren Freunden Dank sagen. Ohne Euch – die Menschen, die wir in regelmäßigen Abständen (meist in Deutschland) zurückgelassen haben, die uns und unser Leben verstehen, uns besuchen und die trotz manchmal großer räumlicher Entfernung für uns da sind, wenn wir sie brauchen – wäre ein Leben wie wir es führen dürfen, kaum vorstellbar.

Zeitfracht Medien GmbH
Ferdinand-Jühlke-Straße 7
99095 Erfurt, Deutschland
produktsicherheit@kolibri360.de